60대 청춘의 미국 유학기

한경신 지음

38년간 영어교사로 재직하다
은퇴한 여교사의 미국유학 체험기!

책봄

머리말

이 책은 나의 60대 사색의 기록이다. 38년간의 교직 생활을 끝내고 나서 2년쯤 지나니까 슬슬 머릿속이 지루해진다는 생각이 들었다. 새로운 호기심으로 채워져야 할 뇌가 무기력하게 늘어지는 느낌이었다. 그때 문득 대학 졸업을 앞두고 친구와 나눴던 대화가 떠올랐다.

졸업이 가까워지자 자유로이 공부만 할 수 있던 시절이 끝난다는 게 아쉬워서 어느 날 친구에게 이렇게 말했다. "먼 훗날 60이 넘어서 은퇴하면, 그때 다시 대학에 들어가 내가 좋아하는 과목을 이것저것 공부해보면 어떨까?" 친구는 그게 너무 비현실적이라고 했지만, 실제로 60이 넘으니, '까짓것 못할 게 뭐야, 현실적으로 가능한데,'라는 생각이 들었다.

버클리의 커뮤니티 칼리지에서 무작정 시작했던 미국에서의 공부. 음악, 미술, 철학, 사회학, 영화 등등 내가 좋아했던 것, 혹은 새로이 관심이 생긴 분야를 더 알아가는 재미에 푹 빠져들었다. 처음엔 신이 나서 '60대 청춘의 미국 유학기'라는 블로그도 만들고 글을 올렸는데,

18. 슬기로운 문화생활 ················· 97
19. 퍼블릭 스피킹 ··················· 102
20. 서양미술사 강의 ················· 107
21. 사회학 2 - 범죄와 일탈(crime and deviance) ··· 113
22. 밖에 나오면 싱글 ················ 118
23. 아시아 컬처 클럽 ················ 121
24. 코로나와 나, 그리고 아버지 ········· 126
25. 비주얼 컬처와 이미지 분석 ········· 134

2부 60대의 단상들

1. 그때는 몰랐지만 지금은 아는 것들 ·········· 140
2. 엄마와 나, 그리고 우리 딸 ··············· 145
3. 변하는 젊은이들, 나는 얼마만큼 변했을까 ········ 151
4. 중환자실 병상일지 ···················· 155
5. 내 인생의 축복들 ···················· 161

차례

머리말

1부 60대 청춘의 미국 유학기

1. 미국 유학을 결정하고 ………………………………… 8
2. 미국에서 수강신청 …………………………………… 12
3. 샌프란시스코의 밤거리 ……………………………… 15
4. 나이 든다는 것은 ……………………………………… 18
5. 학비를 학기 말에 내도 된다고? …………………… 22
6. 죽음의 사회학 강의 …………………………………… 26
7. 쉬엄쉬엄 사는 삶 ……………………………………… 30
8. 사회학 포스팅 – 부고란 ……………………………… 36
9. 음악 수업 발표 ………………………………………… 41
10. 샌프란시스코의 거지들 ……………………………… 47
11. 친구를 과거의 우물에서만 길어오려 하지 마라 … 55
12. 나의 정신을 여는 사람 ……………………………… 64
13. 안락사가 허용된다면 ………………………………… 70
14. 교수를 평가하라 ……………………………………… 76
15. 유학생의 방학 생활 …………………………………… 81
16. 퀘이커와의 만남(1) …………………………………… 86
17. 퀘이커와의 만남(2) …………………………………… 91

점점 공부가 바빠져 그만 중단하고 말았다. 그래도 일기처럼 메모해 놓았던 글들이 있어, 늦기 전에 정리하고 싶었다.

새로운 환경은 늘 사고의 전환과 성장을 가져오고, 나 자신을 성찰할 시간을 선사한다. 이 책의 1부에는 미국에서 만난 사람들과 교수, 학생들과의 교류, 샌프란시스코와 버클리 거리를 걸으며 느낀 단상, 새로운 지식에 정신이 열리는 듯한 순간들, 흥미로웠던 수업들, 코로나 상황 속에서 본 미국의 모습 등이 담겨 있다. 2부에는 잡지나 지역 신문에 기고한 글을 포함해, 60대의 단상들을 다섯 편 실었다.

60이 넘어 바다를 건너가 젊은이들이랑 어울린 원동력은 무엇일까? 세상에는 배워야 할 게 널려있는데 나는 아직 많이 무식하다는 자각과 '요새 젊은 애들은 도저히 모르겠다'라는 말만 하는 노인이 되고 싶지는 않다는 생각이었던 것 같다. 그리고 무엇보다, 지구 반대편에서 태어나 나와는 다른 삶을 살아가는 사람들에 대한 끊임없는 호기심과 설렘 때문이었을 것이다.

이 책을 통해 그런 호기심과 설렘을 가진 친구들을 많이 만나, 황혼 길을 함께 걸으며 두런두런 얘기할 수 있으면 좋겠다. 그리고 우리를 뒤이어 올 젊은이들에게도, 나이와 상관없이 인간은 언제든 새로움을 향한 여정을 실행할 수 있다는 걸 알려주고 싶다.

1부

60대 청춘의 미국 유학기

1 미국 유학을 결정하고

미숙아, 잘 지내지? 내가 일을 저지르고 있는데, 어쩌다 보니 그렇게 일이 흘러가네. 앞으로의 삶을 생각하다가 새로운 결정을 내렸어.

뭔가 지적인 일을 좀 더 계속해야 할 것 같은 생각. 교사 생활을 즐겁게 하면서도, 교실에서 열나게 강의를 하다가도 문득 순간순간, 나는 이것만 하고 살진 않을 거라는 생각을 했었어. 그게 무엇일지는 모르지만.

결론은, '버클리시티칼리지'라는 커뮤니티 칼리지에 지원하게 되었어. UC버클리 바로 근처에 있고, 미국의 커뮤니티 칼리지는 정부의 지원을 받아서 학비가 싸지만 교육의 질은 높대. 한 학기 후에는 UC버클리에서 강의도 하나 들을 수 있다네.

뭘 공부할 거냐고? 철학! 하하. 내가 퇴직할 때 선생님들한테 드리는 수건에다가 토마스 홉스의 말을 넣었었잖아. Leisure is the mother of philosophy(여가는 철학의 어머니다). 근데 말 그대로 철학을 공부하게 되네!

　우연히 얘기를 꺼냈다가 남편이 권하기에 신청하면서도, 내가 이 나이에 가능할까, 그런 망설임이 많았어. 게다가 지원 마감일 이틀 전에 얘기가 나왔거든. 입학 서류를 이틀 안에 어떻게 내냐, 안 되면 말고, 그런 마음으로 대학 사이트에 들어갔지.

　그런데 신청하는 게 술술 잘 풀리더라고. 게다가 필요한 서류 제출은 일주일 시간을 더 주는 거야. 그러다 보니 얼결에 건강검진까지 하고, 건강검진도 그다음 날 영문으로 나오고, 요새는 동사무소에서 팩스민원으로 신청하면 대학 영문성적증명서까지 30분 내에 받더라니까. 모든 게 잘 진행되었어. 내가 뭐랬는지 아냐? 부부가 싸우다가 이혼하자, 한마디 했다가 본의 아니게 떠밀려 그 길로 실제 법원까지 간다는 케이스가 이런 거 같다고.

　사실은 9월에 샌프란시스코에 갔을 때 길 걷다가 샌프란시스코 시티칼리지를 보고 안내서를 가져왔었거든. 그때도 한번 생각은 했는데, 그냥 넘어갔었지. 버클리는 샌프란시스코에서 가까우니까 우리 딸도 가끔 볼 수 있고, 워싱턴에 있는 너도 한 번 만나러 갈 수 있을지도.

　이번에 신청하면서도 마음이 뒤숭숭했는데, 막상 서류 내고 건강검진까지 하다 보니까 이게 내 길인가 싶으면서, 운명적인 느낌 같은 게 있더라고. 그리고 한편으로는 향학열도 더 생기고. 음악 같은 교양강의도 좀 듣고. 단지 눈이 좀 안 좋은 게 걱정인데, 그럼 미분 강의도 들어볼까? 그런 거는 책 많이 안 읽어도 되니까.

젊어서 싫어하거나 관심 없던 분야가 나이 들면서 재미있어진다는 것. 이건 축복이 아닐까. 살아온 보람, 뭔가 내 뇌 속에 새로운 걸 많이 쌓으며 살아왔다는 증명이잖아. 내가 고등학교 때 화학이나 수학을 좋아하지 않았는데, 우리 딸 가르치려고 책을 읽으니까 화학이 이해가 잘되고 수학책이 재미있고. 영어 단어는 머릿속에서 술술 빠져나가지만, 오히려 내 뇌는 공부를 즐기기에 최적화되고 있는 거 같거든.

하지만 무엇보다도 새로운 경험으로 나를 충전하고 싶어. 다른 문화 속에서 다양한 인종, 다양한 문화권의 사람들을 만나서 교류하면 시야가 확대되고 뭔가 새로운 감성이 생길 거 같아. 나는 외국어로 대화하고 있으면 머리에 엔돌핀이 도는 느낌이야. 뇌의 안 쓰던 영역이 활성화되는 느낌이랄까? 기분이 너무 좋아져.

그러다 보면 서서히 나만의 감성으로 노년에 관한 책을 쓸 수 있을지도 몰라. 앞으로 20년을 바라보며 준비해야겠다는 생각이 들었어. 그러려면 하루라도 빨리 갔다 오는 게 낫겠다 싶어 결심했어. 망설임, 뒤숭숭함, 그런 속에서. 근데 막상 신청하고 나니까 기대가 되고 좋아.

지난 일주일간 얼결에 모든 일이 결정되었구나. 남편은 버클리를 좋아해. 거기 아시아도서관에 자료가 많거든. 시간 날 때 나한테 와서 몇 주 동안 연구하려는 꿈에 부풀어있어. 나도 학기마다 넉 달 공부하고 두 달씩은 한국에 있을 거니까.

나의 가장 이상적인 미래는 영어로 블로그를 만들어 나이 들어가며 느끼는 단상을 세계인과 공유하는 건데, 이건 뭐, 안 해도 좋고. '60대 청춘의 미국 유학기' 같은 우리말 블로그나 우선 만들어 볼까나.

근데 하다가 힘들면 그냥 돌아와서 띵까띵까 놀면서 살란다. 이런들 어떠리 저런들 어떠리, 하면서. 그래서 부담 없고 좋다. 요새 지역 신문사에서 하는 청소년 기자교육 프로그램에 보조교사로 따라다니며 학생들 기사 쓴 거 봐주고 그러는데, 그런 일도 재미있어. 공부하다 힘들어서 그냥 돌아와도 지역에서 할 일은 있어.

일단 봄학기는 1월 말에 출국해서 5월 말에 돌아올 거야. 앞으로 20년? 무슨 일이 일어날지는 모르지만, 훗날에 보면 이 모든 일이 결국은 이러려고 그랬구나, 하면서 신의 섭리를 생각하게 될 거 같다.

2 미국에서 수강신청

 미국에서는 기다리는 법을 배워야 한다. 얘네들은 멀티플레이가 안 된다. 한 명 천천히 끝내고 나면 그제야 다음 사람이다. 우리는 뒤에서 급한 거 물어보면 앞 사람 거 하면서도 후딱 대답해 주는데, 여긴 그런 게 없다. 아무리 간단한 거라도 내 차례를 기다렸다가 해야 한다.

 어쩌면 이들은 기다리면 자기한테도 빵이 돌아오는 사회에서 살아와서 그런지도 모른다. 우리는 악쓰고 덤벼야 빵을 얻을 수 있었고, 뒤에서 미적거리다 보면 굶을지 모르는데. 어차피 문화라는 게 그렇게 형성되는 게 아닐까 싶다.

 어쨌거나, 어제와 오늘 학교 가서 수강 신청하느라 진을 뺐다. 어제 가보니 의료보험비를 안 내서 내 학생 계정이 잠겨있는데 돈을 내야 수강 신청이 가능하대서 카드로 냈다. 그런데 내 핸드폰에는 냈다고 메시지가 뜨는데 학교 컴퓨터에는 오류라고 나온단다. 한국 국민카드에 전화해보니 결제승인이 났다는데.

다음날 다시 오라기에 할 수 없이 오늘 아침에 또 갔더니 여전히 미지불 상태라고 한다. 이번에는 앞 건물 회계과로 가서 물어보란다. 거기 가서 기다렸다가 상황을 얘기하니 전화번호를 주면서 그리로 직접 전화해서 알아보란다.

그래서 당장 수강 신청은 어떡하냐니까 일단 내 학생 계정 잠가놓은 걸 30분 동안 풀어 놓을 테니 인터넷으로 신청하란다. 아이고, 30분에 어떻게 다 하냐니까, 그럼 30분 후에 이어서 다시 30분을 풀어주겠단다.

열나게 하다 보니 다시 계정이 잠긴다. 또 가서 얘기하니까 다른 학생 상대하느라 깜빡했단다. 다시 30분을 받아서 신청을 끝냈다. 도 닦는 기분으로 다닌다.

수강 신청을 늦게 하다 보니 내가 들으려던 철학 과목들은 다 인원이 차서 겨우 한 과목만 신청하고, 또 하나는 '죽음의 사회학(sociology of death and dying)'—요새 내가 관심 가지는 노인 문제랑도 연관될 듯해서—, 나머지 두 과목은 음악으로 신청했다. 본의 아니게 음악도가 된 듯. '음악의 이해'는 오늘 오후에 첫 강의를 들었다. 클래식의 역사인데, 공연도 두 개 봐야 하고 음악가를 초청해 연주도 감상한단다. 굿! 또 하나는 '미국문화에서의 재즈와 블루스, 현대음악'이란 걸 듣기로. 하하, 음악사를 다 훑게 될 것 같다.

이래저래 급한 불은 껐다. 세 과목 정도 하면 좋겠는데, 미국 법에 따라 외국 학생은 네 개를 들어야 비자가 유지된단다.

이제 내일은 저녁 강의라 종일 푹 쉬다가 나가면 된다. 마음 한구석에선 그냥 재미로 한국에서 예술의 전당 프로그램이나 수강할 걸, 뭘 숙제 내고 이 짓을 하지? 하는 생각도 있다. 약간 귀찮은 듯한? 젊어서 연수 다닐 때는 신났었는데, 나이는 못 속인다. 그래도 치매 예방엔 좋을 듯하다.

요새 다리도 좀 안 좋아서 기분이 다운됐었는데, 오늘 음악 가르치는 노 교수를 보니, 내 나이 정도일 텐데, 지팡이 짚고 서서 가르치다가 앉아서도 한다. 그래, 나도 다리가 불편하지 뇌가 불편한 건 아니지, 하는 생각이 들었다. 그래도 나는 종일 싸돌아다니다 와서 단전 호흡했으니까 그보단 낫지, 위안을 해본다.

3 샌프란시스코의 밤거리

역시 한국은 친절하고 민첩하다. 의료보험 결제 건으로 미국 번호로 전화했더니 연결이 안 된다. 그래서 국민카드에 전화했더니 자기네는 승인이 났는데 외국 카드업체에서 승인전표가 오려면 길게는 일주일도 더 걸린다고 한다.

그럼 일주일 후에 지불이 안 되었다고 하고 그사이에 사고라도 나면 어떡하냐니까 자기네가 알아봐 주겠단다. 10분도 안 되어 전화가 왔는데 그쪽에서 승인이 났다며 승인번호까지 알려준다. 일단 안심이 되어 학교 측에 내 계정 풀어놓으라고 이메일도 보냈다.

미국에서는 전화 한 번 걸면 최소한 10분에서 30분까지 기다려야 한다. 일하는 게 느러터지고 무심해 보인다. 이번 일도 한국에서였다면 자기네가 알아봐 주지 나보고 이리저리 가라며 전화번호나 던져주진 않았을 거다. 서비스는 역시 한국이다. 사람들이 빠르고 정이 있고 공감 능력이 좋다.

세상이 변해가는 게 좋은 점도 많다. 예전엔 로밍폰으로 데이터를 쓰면 하루에 만 원이었는데, 작년에는 한 달 3기가에 33,000원이더니, 이번엔 그 돈으로 한국 미국 상관없이 음성통화까지 무료다. 이래서 우리는 AI가 몰고 올 미래에 겁을 내면서도 이 길을 멈출 수 없는가 보다.

오늘은 저녁 강의로 현대 서양철학사를 들었다. 철학 교수면 왠지 사색하는 모습으로 천천히 말을 할 거 같은데, 웬걸, 이 사람처럼 말이 빠른 사람은 처음이다. 마치 포탄이 퍼붓는 이라크 전쟁통에서 리포트하는 기자 같다. 이번 강의의 개요와 함께 현대 철학을 쭉 개관하는데, 40분 동안 정말 하나도 안 쉬고 속사포로 얘기하고는 질문!, 하더니 첫 시간이라 일찍 끝내겠단다.

다행인 건 3시간 강의인데 쉬지 않고 2시간만 하겠단다. 그렇잖아도 늦게 끝나고 전철 타는 게 좀 걱정이었는데, 한시름 났다. 30명이 넘는 학생들은 대부분 젊은데 간혹 나이 든 사람도 있고 70대 노신사와 80은 족히 넘어 보이는 할아버지도 있다.

버클리에서 26분 걸려 샌프란시스코 전철역에 내리니 8시가 좀 넘었다. 전철 안에 사람도 많고, 한 시간 정도 더 늦게 다녀도 괜찮을 것 같다.

고풍스런 건물과 카페들이 늘어선 도시의 밤은 환하고 아름답게 빛난다. 샌프란시스코는 그림을 파는 갤러리가 많고 유명 화가들의 모사품도 많이 진열되어 있다. 걷다 보니 불 켜진 커다란 창문마다 대형 작품들이 걸려 있는 건물이 참 예쁘다. 건너편에서 한 컷 찰칵!

문득 이런 생각이 들었다. 인간의 정신세계를 위해선 '광장'과 나만의 밀실이 둘 다 필요하지만, 우리의 육체 조건 역시 시골의 자연과 도시의 북적거림이 둘 다 필요한 게 아닌가 하는.

예전에 우리 딸이 살던 새크라멘토 외곽의 시골 동네가 주는 안온함과 평화로움도 사랑했었지만, 도시의 활기 역시 생명력의 원천이라는 생각이 든다. 물론 숲속에 집 짓고 몇 해를 살았던 소로우 같은 시인도 있지만 말이다.

4 나이 든다는 것은

나이가 들면 몸이나 정신이나 약해지고 덜 유연해진다. 그래도 나는 매일 단전호흡하고 체조하니까 체력은 약해도 유연성은 좋다고 자부하고 있었고, 새로운 사조나 경향에 오픈마인드라고 생각한다. 그래서 나름 마음이 젊다고, 그러니까 이 나이에 여기까지 왔지, 흐뭇하게 자신을 바라보기도 한다.

그런데, 요 며칠, 아, 세상이 생각보다 빨리 변하네, 싶은 생각이 드는 게, 일단 사람들 말이 빠른 것 같다. 비단 철학 교수뿐만 아니라 다른 교수나 학생들도 말이 빠르다. 그리고 이건 미국만 그런 게 아닌 듯하다. 최근에 공항에서 여행자보험을 드는 데도 직원이 설명을 너무 빠르게 해서, 잠깐만요, 하고 천천히 다시 체크하며 질문했다. 젊은이들은 우리보다 말이 빠르다.

나만 그렇게 느끼나? 자동차랑 컴퓨터가 인간을 조급하게 만들었다더니, 이 인터넷 세상이 모든 것의 속도를 가속시키는 것 같다. 젊은 애들은 티비 채널을 돌릴 때도 휘리릭 빠르게 넘긴다. 그 속도라도 볼 거 다 보고 선택 또한 바로 한다. 우리 딸이 인터넷 쇼핑할 때 보면 작은 핸드폰으로 빨리도 보고 골라서 금방 카드로 지불하고 끝낸다. 젊은 애들은 정말 손도 빠르고 두뇌도 빨리 돌고 행동도 빠른 것 같다. 그럴 때마다 내가 스스로 위안하며 생각하는 건, 너네도 내 나이 되어 봐라, 너네는 뭐 그때 젊은 애들만큼 할 줄 아냐, 이다. 어쨌거나 빠르게 변화하는 세상에 적응하느라 내 두뇌가 녹슬지 않으면 좋겠다.

죽음의 사회학 강의를 듣는데, 화요일에 행정 처리하러 다니느라 첫 강의를 빠졌더니, 무슨 첫 시간에 그렇게 수업을 많이 했는지 강의 자료랑 다음 시간까지 숙제할 거랑 잔뜩 메일이 왔다. 숙제가 주로 인터넷으로 읽고 포스팅하는 거라 익숙지 않은 나는 좀 헤맨다. 학생 계정으로 학교 포탈에 로그인하면 메일은 아웃룩으로 하고, 캔버스라는 걸 클릭하면 교수들 강의가 포스딩되어 있다. 거기 과목들을 클릭해서 숙제를 업로드하고 시험도 봐야 한다.

그런데 과제 중에 죽음에 관해 의인화된 것을 사진이나 동영상을 찾아서 업로드하고 논하라는 게 있었다. 과제 내용을 보자마자, 오호, 요거 우리 딸 덕을 보네, 지난번 뮤지컬 본 거로 하면 되겠다, 싶었다. 미국에 오기 전에 '엘리자벳'이라는 뮤지컬을 딸이랑 한국에서 봤었다. 실제 인물의 이야기인데, 엘리자벳은 열여섯에 오스트리아의 왕비가 되었다가 결국 자살로 생을 마감한다. 이 뮤지컬은 원래 독일 건데 한국에서도 인기리에 여러 번 공연되었다.

흥미로운 건 여기에 '토드(Tod)'라는 핸섬한 남자가 등장하는데, 토드는 죽음(death)이라는 뜻의 독일어다. 토드는 항상 엘리자벳 주변을 맴돌며 끊임없이 그녀에게 말을 거는데, 엘리자벳이 자살하기 직전에 그가 찾아와 '마지막 춤은 나와 함께' 춰야 한다며 둘이서 노래를 부르는 게 명장면이다. 그래서 유튜브에서 옥주현과 박효신이 공연하는 영상을 다운받았다. 그런데 업로드를 어떻게 하는지 몰라 헤매다가 어딘가에 포스팅했는데 이게 안 뜨는 거라, 다행히 헬프데스크에 전화하는 게 있어서 겨우 해결했다.

포스팅할 때 우리 이메일 보내는 거 비슷한 화면이 뜨는데 윗부분에 글자 모양이며 크기 등등 아이콘이 우르르 떠 있고 그중에 하나를 클릭하면 '미디어업로드'라고 되어있다. 간단한 건데도 그걸 못 찾고 헤맨 거였다.

젊은 교수일수록 강의 중에 화면 클릭하고 휘리릭 설명하고 오르락내리락, 정신없어 죽겠다. 그렇다고 천천히 해주세요, 하기엔 왠지 좀 쪽팔린다. 외국인인 내가 꼭 백 퍼센트 다 알아들어야 하나, 그러고 지나간다. 그저 익숙해지려 노력하는 수밖에 없다. 아직도 살날이 많은데, 지금 이것저것에 익숙해지지 않으면 십 년 후에는 정말 모든 게 어리바리한 뒷방 늙은이가 될지도 모른다.

어쨌거나 요 며칠 헤매다 문득 든 생각은, 나이 든다는 것은 느려진다는 것이다. 씁쓸하지만, 그래도 내 젊은 시절도 너희들만큼 찬란하고 세상이 다 내 것 같은 희망으로 부풀어있었던 때가 있었느니, 애들아, 늙어서 좀 어리바리하다고 흉보지 말거라.

5 학비를 학기 말에 내도 된다고?

애네들 일 처리 느린 거에 징징댄 게 불과 일주일 전인 거 같은데, 햐, 이게 선진국이구나, 하고 오늘 놀랐다. 여전히 내 계정에는 의료보험비를 안 낸 거로 나오고 학비를 내려니까 의료보험비까지 내라고 찍히고, 그걸 빼고 내려고 사이트에서 낑낑거리는데 계속 에러가 났다. 아이고, 학교 가서 카드로 내자, 하고 갔는데, 언제까지 내면 되냐니까 학기 중에만 내면 된다고 한다.

아니, 그게 가능한 거야? 그럼 공짜로 들어도 되네? 늦게 내면 제약이 없냐니까, 없단다. Late charge(과태료), 그런 것도 없냐니까 없단다. 캬, 굿 시스템, 엄지척, 하고 나왔다.

아마 경제적으로 어려운 학생들이 많아서 그런가 보다. 돈을 안 내도 학생증은 준단다. 단지 사진 찍는 카메라가 고장 났는데 며칠째 안 고치고 있어 다음 주에나 만들어 주겠단다. 이런 건 진짜 느려터졌다.

일단 버스 카드 40달러만 내고 — 한 학기 동안 이 지역 버스를 무료로 탄다 — 나머지는 환율 좀 내린다 싶을 때 카드로 낼 생각이다. 여기는 학비 보조도 많고, 내국인은 아주 싸다. 그저 나라에서 공부 시켜 주려고 열심이다. 2년간 여기서 다니다 UC버클리로 편입하려는 애들도 많고, 그래서인지 학생들 수준도 높은 것 같다. 죽음학(thanatology-죽음을 뜻하는 그리스어 타나토스에서 유래한 명칭) 강의는 매번 뭘 포스팅하라고 하는데, 거기 올라온 글들 보면 어휘며 문장력, 경력이 좋은 사람들이 많다.

돈이 부족하면 싼 학비로 2년 다니고 나서 4년제 대학에 편입해도 졸업하면 차별이 없단다. 여기는 내국인이 한 해 학비가 160만원 정도, 유명 주립대학들에 비하면 십 분의 일 정도이다. 외국인은 한 학기에 450만 원 정도. 거기다 의료보험이 학기마다 100만 원이 넘는다. 내국인도 의료보험은 따로 내겠지? 나중에 물어봐야겠다.

그런데 현재 캘리포니아 주의회에 커뮤니티칼리지 학비를 이 년간 완전 무료로 하자는 법안이 상정되어 있단다. 고등교육을 무료로 해 주는 것이 불평등과 빈곤과 싸우는 제도라는 것이다. 오히려 2년제 커뮤니티칼리지에서 일정 티오를 뽑게 되어 있어 여길 거치는 게 UC버클리나 UC엘에이같은 유명 주립대학 입학에 더 유리할 수도 있다. 코스들도 다 연계가 되어 있어서 UC버클리 학생들도 여기 수업을 듣기도 한단다.

어쨌거나 돈은 천천히 내기로 하고, 두어 달 공부하다가 아이고 못 하겠다, 하고 그냥 돌아가도 되려나, 어쩔 거야, 안 내고 간다 한들? 쓸데없는 생각을 하며 죽음학 시간에 읽을 책을 보러 도서관에 갔다. 책을 찾으니 교재로 쓰는 책이라 대출은 안 되고 도서관에서 두 시간만 보고 반납해야 한단다.

학교 서점에 책이 있다길래 위층에 있는 서점으로 갔다. 책값이 12달러인데, 살 거냐 렌트할 거냐 묻는다. 책을 렌트해? 사면 12달러, 한 학기 렌트하면 7달러인데, 쓰다가 망가지거나 반납할 조건이 안 되면 나머지 금액을 내란다. 근데 아예 연락 없이 사라지면 나중에 책값 12달러를 추가로 부과한단다. 그리고 이틀 안에 맘 바뀌면 다시 오란다. 그래서 책을 렌트해서 주말에 읽다가 책에 메모 같은 걸 하고 싶으면 월요일에 가서 돈 더 내고 새 책으로 살까 한다.

며칠 전에 음악감상 과목 교재를 아마존에서 샀는데 하드커버에다 좀 큰 책이라 무려 15만 원이나 들었다. 중고로 사면 5, 6만 원인데, 책 상태가 어떤지 정보도 없고 왠지 꺼림직해서 큰맘 먹고 질러댔다. 학생이 책에 돈을 아끼면 되나, 하면서.

그런데 사고 보니 책에 사진은 많은데 너무 입문서이고 구태여 집에 모셔둘 책은 아니어서 아까웠다. 그 책도 나중에 가져오면 50프로까지 쳐서 팔 수 있고, 이 서점에서 안 샀어도 된단다. 굿! 돈 벌었네.

이 나라 저 나라 다니다 보면 사람 사는 세상 다 비슷한 거 같으면서도 약간씩 다른 게 흥미로울 때가 많다. 내가 익숙하지 않은 거에 불평하며 다니다가도, 역시 선진국은 다르구나, 느끼는 순간들이 있다. 오늘이 그렇다. 혜택을 덜 받은 계층에게 길을 터주는 여유가 있는 시스템, 선진국이 가야 할 길이 이런 게 아닐까 싶다.

6 죽음의 사회학 강의

샌프란시스코 전철 바트는 한국보다 시간을 좀 덜 지킨다. 오늘도 이분 늦었는데 다행히 올라탔다. 오늘은 아침 강의가 있는 날. 7시 20분에 일어나 8시 반쯤에 나왔다. 한국 편의점에서 산 밑반찬으로 아침 잘 차려 먹고, 차도 한잔 마시고, 과일도 작은 통에 썰어 넣고, 물병도 챙겼다.

오늘은 세 시간짜리 사회학(죽음학) 강의. 세계 여러 곳의 장례 문화와 그 변천사를 살펴보는 중이다. 조장(영어로는 sky burial)할 때 새들이 시신에 모여들어 먹는 걸 적나라하게 찍은 영상을 보다가 악, 하면서 엎어지기도 하고, 지금은 금지되었지만 죽은 사람을 먹는 문화도 있었단다. 저런 문화가 왜 생겨났을까, 사회 종교적 이유를 생각해 본다.

또 인도네시아 어딘가에선 해골만 남은 시체를 꺼내 닦고 옷을 입히고 함께 행렬도 한다. 죽어도 아직 가족이고 사회의 일원이라 생각한단다. 하긴 우리나라도 옛날에는 부모의 묘 앞에 움막을 짓고 삼 년을 지내기도 하고 방안에 위패를 모시고 일 년 이상씩 따뜻한 밥을 지어 올렸었다. 부관참시라는 것도 했었다. 죽는다는 것이 명이 끊어진 바로 그 시간, 뇌사하는 순간이라는 건 그저 의학적 판단일 뿐인 거다.

'Smoke gets in your eyes'라는 책도 수업교재 중 하나인데 화장장에서 근무했던 여성이 쓴 책이다. 이 책에선 죽음 후의 적나라한 모습들이 생생하게 그려진다. 화장하는 절차, 부검한 후에 실려 온 시체들, 인체를 연구용으로 기부한 후에 벌어지는 일, 당뇨로 다리를 하나 절단한 사람이 그것만 화장한 경우, 비만이 심한 사람을 화장했을 때 지방이 과다하게 흘러나오는 문제, 물에 뛰어들어 자살한 시체가 가장 냄새난다는 등등. 그 외에도 사회 여러 계층 다양한 사람들의 사후 모습과 가족들의 반응에 대한 사실적 묘사와 함께 삶과 죽음에 대해 통찰을 주는 책이다. 베스트셀러가 될 만하다.

다음 주에는 실제 화장장 및 장례식장에서 근무하는 사람을 강의에 불러 얘기를 듣는단다. 강의는 재미도 있고 알차다. 그런데 세 시간을 외국어로 집중하는 일은 에너지가 많이 든다. 그래서 강의 중간에 잠깐 쉴 때 과일이랑 뭘 좀 먹어야 한다. 처음에는 과일을 썰어놓은 작은 컵을 사가지고 다니다가 요새는 집에서 직접 만들어 간다. 아마존 프레시(fresh)에 가입하면 뭐든지 당일 배송해 준다.

화요일과 금요일에 아침 수업이 끝나고 나면 일단 강의실을 나와 스타벅스로 간다. 내가 좋아하는 '잉글리시 브랙퍼스트 티라떼' 한 모금이 입안에 감돌 때면 나른한 몸 안에 따뜻한 행복감이 스며든다. 열심히 공부한 당신, 이 정도 사치는 즐겨야지.

홍차를 좋아하게 된 건 옛날 영국에서 공부할 때였는데, 영국 사람들은 커피에는 따뜻한 우유, 홍차에는 찬 우유를 넣어서 마신다. 그런데 스타벅스에서는 홍차에 스팀 밀크를 넣어준다. 우유를 세게 데울 때 거품이 생기는데 그 맛이 참 부드럽고 좋다. 처음에는 주문할 때 'more foam please.'라고 했는데, 요새는 세련되게 'extra foam'이라고 말한다. 찬 음료에 얼음을 더 넣고 싶으면 엑스트라 아이스, 간단한 표현이지만 나는 이런 걸 알게 될 때 재미를 느낀다. 두뇌가 반짝 기분이 좋아진달까?

카페에서 잠시 쉬었다가 샌드위치 하나 먹고 도서관에서 자료 좀 찾고 숙제도 조금 하고 집으로 향한다. 요즈음 눈이 자주 피로해져서 책을 한 챕터 읽고, 집에 가느라 시간을 보내며 눈을 쉬어주고 집에 가면 한 챕터 더 읽는다.

이 과목은 매주 한 가지 주제로 글을 업로드해야 한다. 그런 다음 남이 쓴 글에 하나 이상 댓글을 달아야 한다. 예를 들어 6개월만 살 수 있다면 뭘 할 거냐, 당신의 부고란을 한번 써봐라 등등.

어제는 당신의 추도식에 누가 오면 좋겠냐, 음악은 뭘 틀면 좋겠냐,

음식은? 네가 이승의 한 장소를 떠돌아야 한다면 어딜 가겠냐 등등을 넣어서 글을 쓰는 게 과제였다. 나는 따뜻한 국수랑 떡, 과일, 이런 식으로 소설을 쓴다. 음악은 '포레스텔라'가 부르는 '내 영혼 바람 되어'를 틀면 좋겠다. 나는 노래 가사처럼 천 개의 바람이 되고, 밤하늘의 별빛이 되고 아침 창가의 새가 되어 내 가족이 사는 곳을 떠돌 거라는 둥, 써놓고는 혼자 웃는다. 그래도 재밌다. 으흠, 작문 연습 잘했네, 그러고 도서관을 나온다.

아, 참, 댓글은? 그 많은 걸 언제 다 읽어? 서너 개 읽다가 한 마디 쓴다. 어떤 학생이 자기는 동물의 모습으로 다시 태어나 가족 곁에 있고 싶단다. ㅋㅋ, 우리나라 사람이라면 이런 생각 안 할 거다.

그래서 댓글에, 나는 불교 신자는 아니지만 불교에선 나쁜 짓 하면 인간으로 환생 못 하고 동물로 태어난다고 한단다, 하지만 사랑하는 사람들과 같이 있고 싶으면 그것도 나쁘진 않을 거 같다, 하하. 이렇게 적어 놓고 나왔다. 애들 장난하듯이 놀다 보면 영어도 늘 거다.

그런데 요즈음 느끼는 건데, 진짜 뭐든 사람이 마음먹기에 달린 건지, 내 머릿속에서 단어가 술술 빠져나간다던 생각이 없어졌다. 뇌세포가 살아나는지, 한번 본 단어가 잘 생각 나기도 한다. 앗싸, 청춘이여, 아직 너는 젊구나!

7 쉬엄쉬엄 사는 삶

현대 서양철학사, 이 과목이 문제다. 첫 시간에 전쟁통에서 리포트하는 기자 같다고 말한 이 교수. 전체 개관을 하느라 첫날만 그런 줄 알았다. 그다음 시간에는 데카르트를 한다고 하길래 그저 데카르트 하면, '나는 생각한다, 고로 존재한다'는 얘기가 나온 배경을 얘기하면서 그 당시 교회의 입장이 이 사람과 어떻게 대치됐는가, 뭐 이런 얘기를 하면서 학생들에게 토론시키고 그럴 줄 알았다. 그런데 대충 알아듣겠거니 하고 간 강의는 그야말로 최악이었다.

이분은 여전히 쉬지 않고 속사포로 퍼붓는데, 강의실 전면에 커다란 스크린 하나 띄워 놓고 그걸 거의 그대로 읽는 거였다. 게다가 그 스크린은 검은 바탕에다 글씨가 작아서 내게는 잘 보이지도 않았다.

근데 데카르트가 그렇게 복잡한 사람이었나. 그노시스 학파니 섹스투스니 하면서 회의주의가 어떻고, 그런데 이들이 어떻게 다르고 어쩌고 하는데 정신이 하나도 없었다. 말하는 속도가 왜 그렇게 빠른

지 거의 쉴 틈 없이 한 시간 반을 떠들어댔다. 교수님한테 떠들어댔다는 표현이 좀 죄송하지만, 그 이상 어울리는 단어가 없는 걸 어쩌랴. 그러다가 학생이 손을 들면 "왓츠 업?" 하고는 간단히 설명하고 나서 그대로 또 강의를 이어 갔다. 이 사람은 왜 이렇게 인생을 바쁘게 살까?

이건 저녁 강의인데, 미국에 도착하자마자 수업 시작한 지 이제 열흘, 아직 시차도 극복 못했는데 너무 몸이 꺼지는 것 같고 눈도 피로하고 죽을 맛이었다. 이렇게 화면에 띄워 놓고 읽을 거면 내가 뭐 하러 이 어두컴컴한 시간에 침침한 눈으로 저 화면을 봐야 하나, 싶었다. 그래서 다음날 오전수업이 끝나고 일 층에 설치되어 있는 상담부스를 찾아갔다.

내가 네 과목을 듣고 있는데 너무 힘들어서 한 과목을 빼고 싶다. 다른 거보다 나는 눈이 너무 피로해서 밤 강의가 힘이 든다. 혹시 세 과목만 할 수 있는 방법이 없느냐고 물었다.

그랬더니 인터내셔널 스튜던트는 네 과목을 꼭 들어야 하니까 취소는 못 한단다. 그러면서 수업 중에 눈이 너무 피곤하면 이 층 상담실에서 잠시 쉬었다 들어가게 배려해 줄 수 있단다. 아이고, 그 정도는 아니에요. 참, 나, 뭘 또 나와서 쉬다가 들어가냐고! 얘네들은 발상도 참 특이하다.

아니면 조금 더 쉬운 과목으로 바꿔보면 어떻겠냐고 한다. 오늘까지가 바꾸는 데드라인이라나. 이제 와서? 시간표 간신히 맞춰놓은 건데? 에라 모르겠다, 하다가 안 되면 아예 빼 먹고 그냥 에프 받으면 되지 뭐. 참, withdraw(철회?)해도 된단다. 한 달 전까지 취소하면 W라고 찍히는데, 학점을 따서 학위를 할 것도 아니고 듣다가 재미없으면 하나 재껴버리지, 하는 마음으로 나왔다.

일단 도서관에 가서 컴퓨터로 그 수업자료가 있는 사이트에 들어가 보았다. 그랬더니 이 교수가 자기가 강의할 내용을 하나하나 정리해 놓은 게 있었다. 데카르트 하나, 스피노자 하나 이런 식이었다. 사진도 많고 나름 폼나게 만들었는데 문제는 화면이 검은 바탕이라서 가독성이 너무 안 좋은 거였다. 이걸 어떻게 할 방법이 없을까, 생각하다가 복사해서 워드에 붙여넣기를 해 보았더니 된다.

오호, 그럼 화면 색을 바꾸자. 사진은 잘라내고 몇 번 시도한 끝에 결국은 흰 화면에 까만 글씨가 나오도록 만들었다. 그리고 글자 형태도 바꾸고 크게 해서 아주 보기 좋게 만들어 냈다. 오른쪽은 넓게 비워서 메모할 수 있게 했다. 그걸 하는 데 한 시간이 걸렸다.

나이가 들면 뭐든지 시간이 걸린다. ― 머릿속에서 노년에 대한 새로운 명제가 하나 탄생했다. 도서관에서 파일을 프린트하겠다고 했더니 프린트 카드를 사서 충전하면서 쓰란다. 카드 기계가 도서관 바깥에 있는데 나가 보니까 1달러짜리만 넣게 되어 있다. 그런데 돈을 1달러짜리로 바꾸는 데가 학교 내에는 없고 전철역까지 가야 한단다. 참, 가지가지 시킨다.

그나마 전철역은 학교에서 2, 3분 거리밖에 안 되기 때문에 괜찮았다. 가보니 현금 바꾸는 기계에 10달러나 20달러짜리를 넣으라고 적혀 있다. 근데 웬걸, 여기서는 5달러짜리로만 바뀌어 나오고 1달러로 바꾸는 데는 없다. 할 수 없이 옆에 있는 카페에서 요거트 한 개를 사고 1달러짜리 3장을 거슬러 받았다. 매번 이럴 수는 없으니, 혹시 5달러짜리 한 장을 더 바꿔 줄 수 없겠냐고 물었다. 이 사람이 현금 서랍을 열어 보더니 지금 1달러짜리가 6장밖에 없어서 어렵단다.

아이고, 그래도 한 번 더 시도! 사실은 내가 여기 학생인데 프린트 카드에 1달러짜리를 집어넣어야 하는데, 어쩌고 얘기를 했다. 요거트도 그래서 산 거라고. 그랬더니 이 사람이 구석으로 가서 지갑 하나를 꺼낸다. 마침 자기한테 1달러짜리가 5개 있으니 바꿔 주겠단다. 가끔 느끼는 건데 어딜 가나 학생이라고 하면 사람들은 훨씬 호의적이고 베풀어 주려 한다.

우여곡절 끝에 1달러짜리를 왕창 확보한 다음 프린트를 했다. 장당 10센트, 프린트 비용으로는 좀 세다. 어쩌랴, 늙으면 이래저래 돈도 많이 든다! 스피노자, 로크까지 사십 장쯤 만들어 왔다.

집에 와서 프린트 내용을 읽기 시작했다. 말은 정신없는 교수가 글은 참 간결하고 이해하기 쉽게 쓰는 거 같다. 인터넷에서 우리말로 스피노자를 치면 도대체 뭔 소린지도 모르게 어려운 설명이 나와 있는 경우가 종종 있다. 특히 철학 사전 같은 것이 그러하다. 그런 것들에 비해서 이 교수가 만든 자료는 영어로 되어 있지만 일목요연하다. 아, 그노시스 학파는 이런 거였구나, 섹스투스, 별거 아니네… 천천히 읽고 옆에 메모하면서 따라가다 보니 재미가 있었다.

나는 가끔 그런 생각을 한다. 몸이 약한 사람들이 회의론자가 되는 게 아닐까. 이리저리 도망 다니다가 스웨덴에 가서, 날씨도 안 좋은 데다 약한 몸에 아침 일찍 일어나 여왕을 가르치는 게 힘들어서 죽었다는 데카르트를 생각하면서 동병상련의 느낌이 든다.

건강하고 체력 좋은 사람은 저돌적이고 일이 보이면 덤벼든다. 하지만 나같이 비실비실한 사람은 머뭇거리고 다시 생각하게 된다. 남편은 내게 항상 회의하는 사람이니까 철학을 공부하면 좋을 거라고 한다.

어쨌거나 그다음 시간에 스피노자를 미리 읽고 갔더니 훨씬 들을 만하다. 교수가 한없이 떠들어 대는데 90% 이상은 자료 내용을 그대로 읽는다. 자신이 만든 거라 그런지 거의 외우고 있다. 내가 한번 읽었던 내용을 쭉 그대로 듣는 거니까 듣기 훈련도 하는 것 같고, 그대로 읽는 거라도 교수가 어디에 중점을 두는지 알 수 있으니까 괜찮다. 시험은 없고 에세이를 세 번, 너댓 장씩 쓰라고 하는데 매주 한 사상가에 대해 한 번 듣고 내 머릿속에서 정리하는 정도로 공부만 해도 따라갈 것 같다.

쉬엄쉬엄 사는 삶, 꽤 괜찮다. 일 달러 바꾸러 가면서도, 슬슬 걸어 나 볼까, 그런 맘으로 다닌다. 더욱이 호기심 왕성한 내 두뇌와는 달리 연약한 내 눈은 자주 쉬어가라고 권유한다. 바쁠 것 없는 삶. 내 나이에 모든 사람이 이렇게 여유 있는 건 아니지, 감사하며 지낸다.

8 사회학 포스팅 - 부고란

오늘은 사회학 강의가 끝나고 나와서 UC버클리 교정을 한번 거닐었다. 세 시간 동안 강의에 집중하고 나면 무조건 신선한 공기가 그립다. 학교에서 한 블럭만 걸어오면 UC버클리로 들어가는 입구가 있고 아름드리 나무들이 서있다. 근처에 작은 시냇물도 흐른다. 삼십 분쯤 걷고 나서 대학이 바라보이는 찻집에 앉았다. 푸른 나무들을 바라보고 있으면 눈이 맑아지는 것 같다.

요새는 추적추적 비가 자주 내린다. 창밖으로 비 내리는 거리를 보고 있자면 문득, 내가 여기서 뭐 하는 거지? 하는 상념에 잠긴다. 얼마나 더 살고, 또 무엇을 하겠다고 이 낯선 곳을 떠도는 걸까. 으흠, 죽음학을 공부하니까 더 센티멘탈해지는 걸까? 어쨌거나 이런 날씨는 죽음이란 주제에 잘 어울린다.

지난번에는 사회학 포스팅 주제가 자신의 부고란을 써보라는 거였다. 한국에서는 유명한 사람들이나 신문 부고란에 간략히 장례 일정을 알리는데, 여기 사람들은 지역 신문이나 소식지에 친지나 가족이 그 사람의 일생을 쭉 써서 알리곤 한다.

자신이 80살에 죽었다고 가정하고 본인의 가족이나 친지가 되어서 써보란다. 80까지면 사실 나한테는 지금까지 살아온 인생에 관해 쓰고 4분의 1이 약간 안되는 기간만 상상해서 쓰면 된다. 여기 학생들은 20대 초반이 많다. 그들은 4분의 1은 살아온 자기 삶을 쓰고 나머지 4분의 3을 창작해야 하는 거다.

내가 스무 살에 이런 걸 써보라는 과제를 받았다면 어떤 걸 썼을까. 그간 살아 온 삶을 생각하면 정말 그 많은 것들을 상상이나 할 수 있었을까. 어쨌거나 일단 지금까지의 삶을 간략히 쓰고 나서 여기에 온 이후를 생각해 보기로 했다. 우리 딸이 엄마의 삶을 쓰는 거로 해서.

그녀는 이제 새로운 삶을 시작하기로 했다. 미국에 와서 강의를 들으면서 자신이 보고 느끼고 생각한 것을 60대 감성으로 블로그에 넣기 시작했다. 이 블로그는 인기를 얻어서 후일에 한 권의 책으로 출판되었다. '60대 청춘의 미국 유학기' — 이것이 그녀의 세 번째 책이 되었다. 교직에 있으며 썼던 두 권의 책 — 교단 에세이, '학교 그만둘 테니 가발은 돌려주세요'와 육아 에세이, '아빠는 내 친구'에 이어서.

쭉 쓰고 나니까 내 인생에 대해서 그냥 쭉 나열만 한 거 같아 좀 무미건조한 느낌이 든다. 어쩌랴, 이제 마무리를 해야지…

그녀는 자기가 한국에 태어나서 다행이라고 말하곤 했다. 가난한 나라, 가난한 집에서 태어났지만, 그녀가 자라오면서 코리아는 계속 발전했고 이렇게 외국에도 나올 수 있게 되었으니까. 수십 년간 여전히 가난한 나라들도 많지 않은가.

그런데 단 한 가지, 그녀가 자기의 삶에서 아쉬워하는 부분이 있었다. 그녀는 체력적으로 매우 약한 편이었다. 그녀는 위장이 매우 예민했고 쉽게 지치고 그래서 잠을 많이 잤다. 하루에 8시간 이상은 꼭 자야 했고 주말에 10시간 이상씩 자는 건 아주 흔한 일이었다.

어느 날 그녀는 남편에게 하소연했다. 나는 내 몸이 너무너무 마음에 안 들어. 왜 이렇게 빨리 지치고 왜 이렇게 잠을 많이 자야 할까. 좀 덜 잘 수 있으면 훨씬 많은 걸 성취했을 텐데.

그러자 그녀의 남편이 말했다. 아인슈타인은 하루에 14시간을 잤다던데, 당신은 천재가 아니니까 더 자도 괜찮아.

어쨌거나 그녀는 종종 이렇게 말했다. 나는 오래 살아야 해. 왜냐하면 잠으로 보낸 세월이 워낙 많아서 깨어 있던 시간이 상대적으로 아주 적거든. 그러니 백 살은 살아야 하지 않을까?

그러나… 아, 어쩌랴! 그녀는 한국인 여성의 평균 수명인 86세도 채우지 못하고 80세에 생을 마감했다. 하지만 죽음을 앞두고 침대에서 남편과 딸의 손을 잡고 말했다. "나는 지금까지의 삶에 대해서 만족해. 정말 감사할 사람들이 많아."

그녀는 특히 평생의 반려로 대화의 벗이 되어준 남편에게 감사했다. 그리고 소중한 외동딸, 그녀에게 3명의 귀여운 손주를 선물해 준 ― ㅎㅎ 요것만 소설이다 ― 딸을 사랑스럽게 바라보며 눈을 감았다.

그런데 이렇게 해서 올리고 나니까 재미도 있었지만 한 가지 달라진 점이 있다. 평소에 나는 최소한 한국인의 평균 수명은 살 거라고 잠재적으로 생각했던 거 같다. 그런데 20년도 안 남은 세월에 관해 쓰고 나니까 뭔가 느낌이 다르다. 많이 내려놓는다고 할까. 사실 80세보다 훨씬 더 짧아질 수도 있는 게 아닌가.

그래서 요즘 나는 사람이 전보다 많이 괜찮아진 것 같다. 여유도 생긴 것 같다. 늦둥이 따님이 내 마음에 안 들 때면 잔소리를 하려다가도, 에이, 앞으로 내가 십 년만 더 산다고 생각하지 뭐, 그러고 지나간다.

애는 내가 죽은 다음에도 기나긴 세월을 살아갈 건데, 그리고 이 변화무쌍한 세상에서 AI와도 살 거잖아. 내가 20대 이후에 살아온 삶을 생각해 봐. 사회는 또 얼마나 많이 변했냐고… 그러면서, 간섭하지 말자, 네 삶은 내가 모르는 곳에서 또 한없이 이어질 텐데, 이런 생각이 들게 된다.

그래서 어느 나이에나 이런 걸 써보는 것은 나쁘지 않은 거 같다. 그런데 20대에 이 부고란을 쓰고 있는 다른 학생들은 이걸 쓰고 나서도 금방 잊어버릴 것 같다. 왜냐면 삶은 그들이 예측했던 것과 아주 다를 테니까.

하지만 내 나이에도 약간 남았다고 생각하는 이 기간에 또 얼마나 다양한 경험들이 이어질 건지. 그래도 지금까지 별 탈 없이 살았으니 건강만 극도로 나빠지지 않기를 바라는 소박한 희망으로 살아가야지, 생각한다.

9 음악 수업 발표

여기 와서 듣게 된 과목 중에 '재즈와 블루스 그리고 현대 미국 음악'이라는 과목이 있다. 원래 들으려 했던 철학 과목이 인원이 다 차는 바람에 듣게 된 거다.

첫 시간에 교수가 강의 개요를 쭉 설명하는데 사실은 좀 정신이 없었다. 전자책을 사는 건데 무슨 사이트에 들어가서 코드를 사서 어디에 입력을 하고, 뭐 어쩌고 하면서 화면에 주르륵 써놓고 얘기하는데 너무 빨랐다. 학교 서점에서 사면 조금 더 비싸고 사이트에 들어가서 사면 좀 더 싸다고 한다. 그래도 거의 10만 원 가까운 돈이 든다.

그런데 인터넷에서 뭘 하라 그러면 사실은 마음에 조금 부담이 생긴다. 그래서 며칠을 벼르다가 막바지에, 아이고 안 되겠다 싶어 사이트에 들어갔다. 이러다 잘못 클릭해서 10만 원 날리는 거 아냐, 긴장하면서. 그런데 단계별로 하다 보니 의외로 그다지 어렵지 않은 거다. 오, 되네, 신기하네, 이러면서 그 전자책을 사서 등록하게 되었다.

에휴, 별거 아닌데 괜히 겁먹었네.

사이트에 로그인하고 들어가면 단원마다 내용을 읽고 퀴즈 풀고 짧은 에세이도 쓰면서 현대 음악에 관한 공부를 다 이 안에서 하게 되어있다. 스포티파이에 들어가 계정을 만들고 그걸 켜놓으면 전자책에서 노래가 언급될 때 그 옆의 음표 표시를 클릭해서 그 노래를 들을 수 있다.

그런데 퀴즈 질문이 너무 세부적이다. 어느 밴드의 보컬이 누구였고 걔가 마약으로 죽었는지 교통사고로 죽었는지, 그 앨범이 몇 년에 나왔는지, 내게는 모두 생소한 이름들이고 밴드명도 들어본 게 거의 없는데, 이걸 어떻게 다 기억하냐고. 게다가 화면을 계속 보는 게 눈이 피곤했다.

할 수 없지, 늙으면 돈이 과외로 드는 법. 돈을 쓰고 눈을 구하자. 내가 명품을 산 적이 있냐, 사치한 적이 있냐.

책 내용을 일일이 워드에 복사해서 철학 과목 공부할 때처럼 폰트를 키워서 가독성 있게, 그리고 여백에 메모할 수 있게 프린트한 다음 갖가지 색의 형광펜으로 밑줄 그으며 수험생처럼 공부한다. 남편 말대로, 젊어서 고생은 사서도 한다는데 늙어서도 고생을 돈 들이고 사서 하고 있다.

컨츄리, 펑크, 소울, 헤비메탈, 디스코, 힙합 등등 음악 장르들을 시대별로 훑어가면서 그 시기의 음악들을 공부한다. 사실 이런 음악이

크게 내 취향은 아니지만, 이 분야의 지식을 갖게 되는 것이 좋다.

힙합의 역사도 재미있다. 미국에서 1970년대에 경제가 어려워지자 클럽에서 디제이를 고용했다. 음반을 틀고 춤추게 하는 게 라이브밴드를 고용하는 거보다 돈이 적게 드니까 디스코가 유행했다고 한다.

그러다 새로운 스타일로 턴테이블 두 개를 놓고 음반을 이리저리 틀었다, 거꾸로 긁었다, 난리를 치며 소리까지 질러 춤추는 사람들 흥을 돋우었는데, 이게 혼자 하려니까 너무 바쁜 거라. 그래서 말만 떠들어 주는 사람을 구했는데 그게 Master of Ceremony, MC의 기원이다. 여기서 랩이 나오고 힙합이 시작된다.

음악이 이제는 옛날 유명한 사람들 음반에서 막 가져다 샘플러라는 기계로 샘플링하고 믹스해서 그 위에 가사를 얹는 거다. 그러다 저작권 문제가 생기면서 주춤하게 된다. 그래서 샘플링을 적게 하고 스튜디오에서 자기네 스타일을 첨가해서 새로 녹음해서 넣는다. 그러면 작곡에만 저작권을 내면 된다. 녹음 저작권이 훨씬 비싸단다.

이 과목에서는 숙제 외에도 한 사람이 10분씩 한 명의 뮤지션이나 밴드에 대해서 발표를 하는 게 있다. 대개 미국 대중음악가나 밴드들에 대해 하는데 지난번 한 중국 학생이 우리에게도 잘 알려진 첨밀밀, 예라이샹 등을 부른 등려군에 대해 발표했다.

교수가 나중에 케이팝도 다룰 거라고 했기 때문에 나는 좀 색다르게 '코리안 크로스오버 그룹'으로 주제를 정했다. 바로 어제가 발표였다.

팬텀싱어1의 우승팀이었던 포르테디콰트로, 시즌2의 우승팀 포레스텔라, 그리고 시즌 2에 준우승했던 미라클라스를 화면에 띄웠다. 시간 제약 때문에 미라클라스는 이름만 간단히 언급하고 지나갔다. 유튜브에서 따로 들어보라고 하긴 했지만 아쉽다. 미국 오기 전날 콘서트도 갔었는데.

그리고 포르테디콰트로 음악은 그들이 부른 '루나'를 약 3분 정도만 틀었다. 이들이 일본에서 콘서트 하는 사진도 구글에서 찾아 넣고 내가 콘서트에 가서 이들 사진이 들어간 커다란 판넬 옆에서 찍은 사진도 양념으로 넣었다. 내 사진을 넣는 걸 보며 우리 딸이, 엄마 이런 짓 하는 게 귀여워 흐흐, 그러더구먼, 학생들도 웃는다.

내가 제일 좋아하는 포레스텔라는 마침 얼마 전에 불후의 명곡에서 퀸의 보헤미안 랩소디를 커버했기 때문에, 곡 전체를 틀었다. 발표 전에 미리 3분을 더 요청해놓고 총 13분에 마쳤다. 시간을 잘 지켜야 한다. 종료 2분 전에 알람이 울린다.

예상대로 반응은 아주 좋았다. 내가 발표하는 중에 학생들이 와우, 케이팝, 그러면서 많이 감탄했다. 보헤미안 랩소디에서 강형호가 극고음을 내는 부분에서는 헉, 하면서 놀라는 소리까지 들렸다.

그리고 예상치 않았던 재미있는 반응도 있었다. 알록달록 예쁜 티를 입은 포레스텔라 네 명의 사진을 넣었는데, 이들이 좋은 대학에서 교육도 잘 받았고 잘 생기고 성격들이 아주 좋아서 딸 가진 엄마들의 장래 사윗감이라고, 이런 식으로 표현을 하자 사람들이 순간, 와 웃으면서 아주 재밌어했다. 그래서 '나보고 이 중에서 고르라면 아주 행복할 텐데요,' 했더니 또 웃는다.

우리는 자녀의 배우자를 며느릿감, 사윗감, 이런 식으로 부모의 관점에서 바라본다. 결혼은 자식이 하는 거지만 내게도 자식에 대한 소유권이 있는 듯한 어휘다. 애네들은 그런 개념이 훨씬 희박할 거다. 그러나 인간의 마음은 어느 나라나 비슷하지 않을까. 그러니까 이런 표현이 재밌고 공감도 가는 걸 거다. 다른 언어로 소통하는 건 가끔 이런 소소한 즐거움을 만들어 낸다.

이번에 발표를 하면서 프레지라는 것을 새로 배우게 되었다. 프레지는 파워포인트 같은 건데 줌 기능이 있어서 뭔가 좀 더 시각적인 효과가 큰 거 같다. 그런데 교수가 프레지를 선호해서 파워포인트는 하다 보면 연동이 잘 안된다는 둥, 이런 소리를 계속한다.

귀찮은데 그냥 파워포인트로 할까 하다가 교수가 저렇게 프레지 노래를 부르는데 한번 배워 볼까 싶었다. 다른 학생들이 하는 걸 보니까 그다지 어려워 보이지는 않았다.

문득 그런 생각이 들었다. 내가 지금 이걸 못 배우면 나는 아마 이걸 배울 기회가 없지 않을까. 내가 우리 딸 가르치느라고 화학도 공부했는데, 까짓것 한번 해보자, 하고 유튜브 강의를 들었다. 중간에 헷갈리는 거는 도서관 옆의 '러닝리소스센터'에 가서 도움을 청했더니 도와줄 학생을 보내 주었다. 파워포인트보다 어렵지는 않았다.

그런데 처음 프레지를 사용하면서 설명하다 보니까 나도 모르게 긴장되어 좀 버벅거린 것 같다. 그래도 30여 명에 불과하지만, 외국 학생들에게 케이팝이 BTS만 있는 것이 아니라 스펙트럼이 굉장히 넓다는 것, 우리나라가 이렇게 고품격의 음악들을 다양하게 만들어 낼 저력이 있다는 것을 알렸다는 점에서는 뿌듯하다.

그리고 비록 서툴기는 했지만, 프레지를 새로 만들어서 실험을 해 봤다는 자체가 신난다. 나이가 들어가면서 가장 경계해야 할 것이 새로운 것에 대해서 마음과 두뇌의 문을 닫는 게 아닐까 싶다.

앞으로도 이렇게 새로운 걸 배우며 뿌듯함을 느끼며 살고 싶다. 육체는 좀 느려지더라도 정신이 성장할 수 있을 때까지 살면 얼마나 좋을까.

그런데 그게 내 맘대로 되냐구요. 어쩔 수 없이 몸은 늙어갈 거고, 가끔 쓸쓸함도 느끼겠지만, 그래도 뇌세포야, 너라도 좀 속도를 늦춰주면 안 되겠니?

10 샌프란시스코의 거지들

샌프란시스코 거리는 관광객이 넘쳐나는 만큼이나 거지들도 넘쳐난다. 깡통 같은 걸 들고 구걸하는 사람들, 쓰레기통을 뒤지는 사람들, 스타벅스 앞에서 문을 열어 주며 잔돈푼을 달라는 사람, 다양한 인종들만큼이나 구걸하는 모습도 가지가지다. 지나칠 때면 온갖 악취가 진동한다. 거리에서도 소변 냄새가 많이 난다.

버클리도 마찬가지다. 버클리 도로는 샌프란시스코만큼 붐비지는 않으니까, 피에로 옷을 입고 춤추며 구걸하는 사람도 있고 홈리스 중에는 아예 텐트를 치고 구걸하는 사람들도 있다. 텐트 앞에 의자를 놓고 자기네들은 뒤에서 놀고 그 의자에 커다란 곰 인형을 앉혀두고 그 앞에 깡통을 놓아두었다.

몇 주 전에는 'street'라는 홈리스들의 신문을 파는 사람도 보았다. 당신도 홈리스냐고 물으니까 그렇단다. 1달러 주고 신문을 사주면서 직업 구하기가 어렵냐고 물으니, 플로리다에서 버클리로 직장을 언어 왔는데, 전 직장에서 새 직장에 전화해서 취소시켰단다. 그래서 돌아갈 차비도 없단다. 사정이야 어찌 되었든 이런 신문을 들고 있는 사람들은 그래도 삶의 의지가 있어 보인다.

신문을 대충 보니 8년째 홈리스인 사람을 취재한 것도 있고 메리트 호수 근처의 홈리스 텐트들을 경찰이 다 철거했다며 비난하는 글도 있다.

이 사회의 구조를 잘 모르는 나는 열심히 노력만 하면 거리에 나앉지 않을 수 있는지 그런 건 판단이 어렵다. 하긴 이 나라 국민이라도 이런 건 양면성이 있는 주제일 거다.

어쨌거나 샌프란시스코 파웰스테이션에서 유니온스퀘어에 이르는 거리에는 거지들이 밀집해 있다. 샌프란시스코 명물인 케이블카가 출발하는 곳이라 사람들이 늘 줄지어 서 있다

조금 한적한 곳에는 종일 누워 자는 홈리스도 있다. 작년에 샌프란시스코에 잠시 있었을 때 보았던 칠십쯤 되어 보이는 이 사람은 6개월 후에 와보니 여전히 그 자리에서 자고 있다. 그런데 덮고 있는 담요가 깨끗한 새것으로 바뀌어 있다. 누가 갖다 주었나 보다. 담요라도 두툼해야지, 밤에는 제법 추운데…

내 이름은 헝그리?

오래전에 어떤 카피 작가가 쓴 글이 생각난다. 어느 해 봄에 지방에 갔는데 버스터미널에서 어떤 사람이 피켓을 들고 구걸하더란다. 나는 앞을 못 봅니다, 도와주세요, 이렇게 쓰여 있길래 내용을 고쳐주었단다. 해마다 봄이 오지만 나는 봄을 보지 못합니다, 라고.

그런데 훗날에 그곳에 또 가게 되었는데 여전히 그 피켓을 들고 있더란다. 다가가 말을 거니 카피를 바꾼 이후로 수입이 많이 늘었다며 고맙다고 하더란다. 그때는 이미 가을철인데 여전히 봄 이야기인 것 같아 다시 바꾸어 주었단다. 나는 사랑하는 가족이 있지만 딸들의 얼굴을 본 적이 없습니다,라고. 그 이후엔 다시 가볼 기회가 없어서 얼마나 수입이 늘었는지는 모르겠다고.

우리나라는 구걸하는 사람들이 뭘 들고 있나? 요새는 거리에서 구걸하는 사람이 별로 없어서 그런지 잘 기억이 나지 않는다.

그런데 여기 사람들은 조그맣게 써가지고 들고 있거나 바닥에 놓아두거나 하는 사람들이 많다. 가장 흔한 표현이 A little kindness will help. Anything will help도 많다. 약간의 친절이라도 도움이 된다, 뭐든지 도와달라는 거다.

또는 전쟁 베테랑인데 직업을 잃었다, 장애가 있다, 파산했다 등등 자기 처지를 전하는 내용도 있다. 렌트비랑 음식이 필요하다며 딸 데리고 아코디언 연주하는 아빠도 있다. 연주는 별로이다.

그중에 재미있는 것도 눈에 띈다. 나한테 1달러만 주면 당신 보스의 엉덩이를 차 주겠다고 쓰여있다. 어느 나라나 상사 땜에 스트레스가 크지, 아직 이 사람의 삶에는 유머가 남아 있네, 슬며시 웃음이 나온다.

그런데 가다가 좀 놀란 일도 있다. 어떤 사람이 'HUNGRY'라고 크게 적어 놨길래 그 윗줄에는 I am이라고 쓴 줄 알았다. 그런데 가까이 가보니 헝그리라는 큰 글자 위에는 My name is라고 쓰여 있다. 아니 내 이름이 헝그리라니, 안 되지, 말이 씨가 된다고, 그럼 너는 평생 배고파야 돼… 그렇다고 그 작가처럼 가서 rich라고 바꿔 줄 수도 없는 일. 그저 측은한 마음으로 지나간다.

그리고 개를 데리고 앉아 있는 사람들이 있다. 왜 저렇게 멀쩡한 젊은이가 개를 데리고 나와 있을까. 개를 보호소에 맡기고라도 일하러 가야 하는 거 아닌가. 남의 속도 모르면서 그런 생각을 해 본다.

그런데 가장 불쌍해 보이는 사람들은 아이를 데리고 있는 사람들이다. 세상이 뭔지도 모르는 서너 살짜리가 길에 나앉은 엄마 옆에서 컵라면을 먹고 있다든가, 열 살 남짓한 애들이 엄마 옆에서 장난치고 놀고 있는 광경은 정말로 안쓰럽다. 그리고 보니 이 글을 쓰는 오늘이 어린이날이네…

얼마 전부터는 다섯 살쯤 돼 보이는 여자애를 유모차에 앉히고 조

그만 쪽지에 도와 달라고 쓴 채로 앉아 있는 젊은 여자가 눈에 띈다. 커다란 빌딩 쇼윈도우 앞에 낮은 턱이 있는데 거기 다소곳이 앉아 있다. 벌써 두어 달째인데 가끔씩 그 자리에 앉아 있다. 아기도 너무 귀엽고 후드에 긴 치마를 입고 있는 그 여자는 전혀 홈리스 같아 보이질 않는다. 그 모습 그대로 카페에 앉혀 놓으면 멀쩡히 교육 잘 받은 단아한 모습일 거다. 일단 인물이 예쁘다.

무슨 사연이 있길래 애를 데리고 저기 앉아 있을까. 잠은 어디서 잘까. 낮에만 저렇게 구걸하고 돌아가서는 어디 딴 데서 자는 걸까. 위험하지는 않을까. 가서 얘기를 들어 보고 싶을 지경이다. 저 여자는 가을에도 저러고 앉아 있을까. 30대쯤 되어 보이는데 이 사람의 얼굴은 그때쯤은 어떤 모습, 어떤 표정일까.

이 많은 사람들의 이야기를 어찌 알랴 싶지만, 우리나라 사람들은 시민권을 얻기 위해 원정출산까지 하고 가는 이 나라에서 이렇게 거리를 떠돌며 삶을 이어가다니… 정신이 좀 이상해서 소리를 고래고래 지르는 사람들도 있고. 관광객들 속에서 푼돈으로 그래도 밥은 먹고 사는 것 같다.

어느 날은 개를 데리고 있는 남자한테 한 여자가 다가가서 개의 건강 상태를 물어본다. 미국 사람들은 애완동물에 대한 애정이 각별하니까. 그러면서 자기 친구가 어디 어디에서 동물병원을 하는데 자기가 얘기를 해놓을 테니까 무료로 건강검진을 한번 해 보라고 권한다.

혼자 죽어가는 사람들

저렇게 살아가다가 저들은 어떤 죽음을 맞이할까. 아마도 혼자서 죽음을 맞이하지 않을까… 요즈음은 죽음의 사회학을 공부하니까 많은 걸 죽음과 연관 지어 생각하게 되는 것 같다.

죽음학 시간에 본 비디오가 떠오른다. 아기가 태어나서 방긋방긋 웃는 사진이 이어지면서 Nobody is born alone(아무도 세상에 나올 때 혼자는 아니다)라는 문구가 나온다. 그리고 가족과 친구들과 환하게 웃고 있는 사람들의 사진이 이어지면서 Nobody lives alone(아무도 혼자 살지 않는다)라는 문구가 나온다. 그러더니 병상에 혼자 있는 사람의 모습이 나오면서 그러니까 Nobody should die alone(아무도 혼자 죽어서는 안된다)가 나오는데, 아름답던 사진들에 이어지는 그 황량한 모습에 눈물이 핑 돈다.

캘리포니아에서는 자원봉사자들이 병원에서 혼자 죽음을 맞이하는 사람들을 정기적으로 방문해서 대화를 나눈다. 그리고 애완견을 데리고 가서 쓰다듬게 해 준다. 외로운 인간에게 가장 필요한 것이 촉각이라는 것이다. 그래서 이런 자원봉사자들의 모임이 있고 이들에 대한 교육이 병원에서 이루어진다. 우리나라도 현재 독거 가정이 20%가 된다고 한다. 많은 사람들이 혼자서 세상을 떠날 거다.

지난달에 본 1시간짜리 비디오에는 연고 없이 죽어간 사람들의 이야기가 있었다. 혼자 살다가 사망하면 경찰과 검시관이 일단 사고사나 자연사인지, 아니면 범죄에 의한 것인지를 판단한다.

범죄에 의한 죽음이 아니면 일단 시체를 옮겨놓고 연고를 확인하는 절차가 이어진다. 한 열흘 정도의 시간이 지나서 아무런 연고도 찾지 못하면 화장장으로 보낸다.

그 비디오에는 서너 명이 나오는데 혼자 살다 지병으로 죽은 한 남자의 경우, 집안을 다 뒤져보니 예전에 묘지를 사 놓은 서류와 약간의 저축이 있어서 그 돈으로 장례를 치르고 묘지에 안장시켰다.

그런데 아무런 연고도 없고 돈도 없는 사람들은 일단 정부에서 화장을 시키고 그 비용을 내주는 수밖에 없다. 한가지, 그들의 소지품을 다 뒤져서 쓸 만한 물건들을 경매에 부쳐 그 수입으로 일부 금액을 변제한다.

이렇게 연고가 없이 화장한 사람들은 그 재를 1년에서 2년 동안 보관한다. 똑같은 하얀 박스가 선반마다 가득 쌓여 있다. 일이 년이 지나면 모두 모아서 매장한다. 일 년에 한 번씩, 관 넣을 때처럼 긴 네모로 땅을 파고 거기에 수많은 박스에 있는 재를 다 쏟아붓는다.

어느 정도 넓이의 어떤 지역인지는 모르겠는데 그해에는 그 구덩이 속으로 1700개 박스에서 재를 쏟아부었단다. 그걸 다 쏟고 나서 평평하게 흙으로 덮은 다음 1997이라고 적힌 벽돌만한 팻말을 박아둔다. 그 옆에는 1996, 1995…, 다음 해에는 1997 옆자리에 1998 팻말이 놓일 거다.

　혼자 죽은 1,700명의 재가 한꺼번에 섞여서 자연으로 가는 것이다. 밀가루 같은 하얀 재들이 후루루 땅으로 쏟아질 때 기분이 참 묘하면서 짠했다. 혼자 죽어서 한꺼번에 재로 섞인 사람들, 덜 외로울까? 이들이 땅속에서 분해되면 그 마지막 원소들은 어느 정도까지 이동하는 걸까. 저 멀리 떨어진 곳에 매장된 어떤 인간의 원소와 땅속에서 어느 날엔가 섞일까?

　인생의 시작을 거리에서 하는 아이들. 그들의 삶은 어떻게 이어질까. 저 아이를 데리고 있는 엄마는 죽음을 맞이할 때 아이가 옆에 있어 줄 수 있을까.

　테레사 수녀는 호스피스 활동을 하면서, 신이여, 진정 어디에 계시는 것입니까, 하고 울부짖었다는데, 아직 종교가 없는 나는 전생, 후생을 믿어야 할 거 같다. 거리에서 시작되는 인생을 살아가야 할 아이들. 이번 생 하나뿐이라면 너무 잔인한 게 아닐까. 너무 억울하지 않은가.

11 친구를 과거의 우물에서만 길어오려 하지 마라

젊은이들을 보면 기분이 좋다. 2년 전쯤 대학생이 된 제자 찬혁이를 만나서 점심을 사주고 대화한 적이 있다. 식사 후에 카페에 갔는데, 나는 겨울이라 따뜻한 차를 주문하는데 애는 빙수를 먹겠단다. 그때 누가 나에게 젊음이란? 하고 물었다면, 한겨울에도 빙수를 먹는 것, 이라고 답했을 거다.

끝나고 돌아오는 길인데 색다른 감회가 일었다. 나이 든 사람들하고 만난 것과는 다른 아주 신선하고 즐거운 느낌?

미래가 길게 열린 아이들이 하는 얘기를 듣고 있으면 내 마음도 밝아진다. 아직 세상을 모르고 천진하지만 그래서 희망이 열려있는 듯한 나이. 아, 이래서 젊음이 좋은 거구나… 물론 헬조선이라는 말이 나오는 그런 상황은 잠시 잊고 말이다.

내가 대학교 때 고교 은사님들을 찾아가면, 수업하고 올 테니까 가지 말고 꼭 기다려, 하시곤 뭔든지 사먹이려 하셨던 분들, 그 마음을 알 것 같다. 어쨌든 젊음은 그 자체로 환하고 아름답다.

  미국에 와서도 시간이 지남에 따라 아는 사람들이 조금씩 생겨나고 있는데, 주로 학생들이니까 젊다. 원래 계획은 버클리에 숙소를 마련하는 것이었는데 처음에 왔을 때는 샌프란시스코에 있는 우리 딸 스튜디오(원룸)에 함께 묵고 있었다. 파웰스테이션까지 걸어서 십 분, 샌프란시스코 전철인 바트 타고 26분이면 '다운타운버클리' 역에 내린다. 바트앱을 깔고 시간을 맞추니까 다닐 만했다.

  그런데 2월에는 왜 그리 비가 추적추적 자주 내리는지, 샌프란시스코가 건기와 우기로 나뉘나? 싶을 정도였다. 게다가 학교에 가면 이게 무슨 소속된 과가 있는 것도 아니어서 수업이 끝나면 다들 휘리릭 어디론가 떠나 버리고, 낯선 도시에 나 혼자 휑하니 남겨진 듯한 느낌? 그런데 또 혼자서 작은 방 안에 갇혀 버린다고? 영 쓸쓸할 것만 같았다. 그리고 보니 예전에 외국에서 공부할 땐 어울릴 친구들이 제법 있었고, 무엇보다 젊었었잖아!

  우리 딸도 엄마, 언제 나갈 거야? 하고 물으면서도 그다지 내쫓고 싶은 것 같진 않았다. 지도 밥해 주겠다, 청소해 주겠다, 득과 실을 견주어 어느 한쪽이 특히 기울어 보이진 않는 듯. 그냥 야, 방값이 생각보다 너무 비싸더라고, 하면서 대충 엉겨 붙었다.

  샌프란시스코는 방세가 엄청난 데다가 방들도 대부분 작다. 다행히 침대는 더블이어서 그런대로 잘 만했다. 여기서는 한국에서 싱글

침대를 트윈이라 하고 그다음인 더블사이즈는 풀(full)이라고 한다. 그런데 그걸 모르고 트윈이 우리의 더블사이즈인 줄 알고 풀사이즈를 주문하는 바람에 내가 낑겨들 여지가 있었다.

사실 나이 들면 몸이 여기저기 쑤시고 이리저리 뒤척이게 되어 침대 사이즈가 커져야 한다고 한다. 그런데도 좁은 침대에서 함께 잘 수 있는 건 딸이어서 가능하다.

등 대고 누웠다가 잠결에 몸을 뒤척이면 팔로 아이를 감싸게 되는데 그 기분이 참 좋다. ㅎㅎ 아주 어렸을 때 안고 자던 그 느낌, 포근하게 폭 안기던 아이는 이제 나보다 훨씬 커졌지만 딸의 몸에 팔을 두르면 그때의 느낌이 살포시 떠오른다. 이 아련한 행복감을 아이는 알려나…

그러다 결국은 바이오리듬 차이로 분가를 결정했다. 젊은 애들은 늦게 자고 늦게 일어나는데, 체질이 예민한 나는 불이 켜져 있으면 자꾸 깨고, 결국 내가 두 달 만에 나와 버클리로 이사를 했다. 마침 같은 수업을 듣는 한국 남학생들이 자기네 사는 집에 방이 비었다고 해서 그리로 가게 되었다.

미국에서 젊은이들과 살려면?

이 집은 이층에 방이 다섯 개나 있는데 옆방에 학생 둘 외에는 다

비어 있었다. 구석 방이라 아늑하고, 방은 작아도 거실 구석에 내가 혼자 쓸 수 있는 책상이 있고, 사람들이 없으니 화장실도 전용이고. 무엇보다 햇빛이 환하게 드는 게 맘에 들었다.

학교까지 거리는 걸어서 7분. 평생 학교 다니면서, 걸어서 학교에 가는 게 소원이었는데, 이제서야 이루어졌네! 으흐흐, 가까우니까 참 좋다.

강의 듣고 와서 침대에 엎어져서 한 시간쯤 푹 쉬다가 도서관에 가고, 다시 와서 밥해 먹고 UC버클리 숲속을 산책하고, 저녁 강의 끝나고도 서둘러 전철 타지 않아도 되고. 이제는 익숙해진 환경에 외롭지도 않고, 무엇보다 차일드케어에서 해방되니까 시간도 널널하다. 애는 엄마만 있으면 꼼짝을 안 하려 하거든. 너 혼자 살아봐라, 엄마 귀한 거 알지…

그런데 새집에서 다른 사람들, 특히 젊은 애들이랑 사는 건 새로운 경험이다. 그동안 내가 만난 젊은이들은 주로 내 제자들. 내가 늘 권위를 가진 채로 대할 수 있는 사람들이었는데, 이제는 낯선 땅에서 정말 평등한 위치에서 세대가 다른 사람들과 지내는 거다. 나는 조심스럽게 젊은이들을 탐색한다.

나이 들면 입은 닫고 지갑은 열라 했던가. 근데 이것도 상황에 따라 다르다. 요즘 젊은이들은 더치페이에 익숙하고 독립적이다. 이유 없이 내가 사줄게, 하는 게 괜히 부담스러울 수도 있다.

우리 세대는 나이 든 사람이 뭘 사주는 게 별로 이상하지 않았지만, 이들은 다르다. 처음에 삼십 대 초반 학생을 만나서 같이 찻집에 갔는데 무심히 내가 차 한잔 살게, 했더니, 다음번에요, 이번엔 각자 내요, 한다. 아하, 다르구나, 느껴진다.

젊은이들과 지내려면 그들에게 맞추어야 한다. 왜냐, 그래야 나도 젊어지니까, 이게 나의 지론이다. 그럼 입은 완전히 닫아? 그건 아닐 듯.

젊어지겠다는 건 이들과 정신과 대화를 공유하겠다는 건데, 그럼 말을 해야지, 무슨 연인 사이도 아닌데 눈빛으로 통하는 것도 아니지 않나? 내 생각에 가장 이상적인 건 여럿이 모였을 때 나이 든 사람의 말의 양은 "N분의 1 마이너스 알파"가 아닐까 싶다.

근데, 말은 이렇게 했지만, 요건 나에게 좀 수양이 필요한 일이다. 나는 무슨 생각이 떠오르면 몰두해서 떠들기 땜에 남편이 늘 N분의 1을 외치는데, 거기에 마이너스 알파니까, 하하.

어쨌거나 집을 소개해 준 학생들에게는 고맙다고 밥을 한번 사주었다. 베푸는 것도 건수가 있어야 한다. '본촌치킨'이라는데 갔는데 한국 거랑 맛이 비슷했다. 얘네들 아니었으면 '에스에프코리안'이라든가 '크레이그리스트'라든가 혼자서 인터넷 떠돌며 고생했을 텐데 너무 쉽게 해결되었다.

그리고 무엇보다 방이 비었다고 얘기해준 게 고맙다. 그래도 옆방에 내가 들어오는 게 싫지는 않은 거 아냐? 너네는 모르지, 내가 되게 기분 좋다는 거, ㅎㅎ.

젊은이의 시간은 공짜로 뺏으면 안되지

얘네들 외에도 다른 한국 학생도 알게 되었다. 철학 수업을 함께 듣는 대만 학생이 있다. 이학년이고 정치학 전공인데, 교양과목 이수 땜에 철학을 수강한단다.

애가 서글서글하고 편하다. 인터내셔널 스튜던트가 자기하고 나밖에 없으니까 말을 잘 건다. 나한테 에세이 점수 몇 점 나왔냐고 묻기도 하고, 교수가 출석을 안 부르고 강의도 쉽다고 해서 신청했는데 에세이 쓰려니까 힘들다고도 한다.

그러다 어느 날 도서관에서 만났는데, 한 남학생을 가리키며 쟤가 한국 학생이니까 가서 말을 걸라고 한다. 자기랑 봉사활동을 같이 해서 안다면서.

요새는 한국인이 워낙 많다 보니까 외국에서 만나도 그다지 반기지 않는 경우도 간혹 있어서 어떨까 싶은데, 싫다고 하기도 뭐하고, 다가가 말을 걸었다. 그런데 의외로 아주 반가워한다. 그래서 몇 마디 나누고 그다음 주에 만나서 차 한잔하기로 했다.

승준이라는 이 학생은 미디어 편집을 공부하는데 작년 가을에 여기 온 초년생. 겨우 스물한 살짜리다. 요 또래들 보면 다 내 제자들 같다. 원래 외국 학생들은 알바를 못하게 되어있는데, 알음알음 작년에는 한국식당에서 일도 했단다. 용돈을 좀 벌어 써서 부모님 부담을 덜어드리려고. 열심히 사는 마음이 예쁘다.

그러다가 5월이 되면서 한번 만났을 때 물어보았다. 알바할 때 시간당 얼마 받았느냐고. 13달러란다. 그래? 그럼 내가 15달러씩 줄 테니까 두 시간 알바 좀 할래? 우리 딸이 블로그를 개설해주었는데, 거기에 글 올리는 거 좀 도와주라.

이렇게 해서 승준이에게 도움을 받아가며 그동안 써놓은 글을 올리고 태그도 붙이고 했다. 두 시간 일하고 알바비를 주니까 안 받겠다고 한다. 그냥 도와드린 거로 할게요, 하면서. 그래서 이렇게 말했다. 젊은이의 시간은 절대로 공짜로 뺏으면 안 되는 거야. 그리고 네가 이걸 받아야 내가 다음에 도움이 필요할 때 또 요청할 수 있잖아. 은행에서 봉투까지 구해왔다고!

그다음 글은 나 혼자서 올릴 수 있었다. 학기말 시험에다 에세이에 드디어 모든 게 끝나고 버클리를 떠나기 전날 밤, 여기서 알게 된 몇 명과 맥주 한잔하자고 했더니 좋단다. 학교 근처의 펍에서 맥주를 마시고 치킨에 김치버거에 맛있게들 먹었다. 김치를 살짝 볶아서 달짝지근하게 해서 고기 위에 얹었는데 맛이 좋다. 여기 말고도 김치버거를 파는 데가 또 있단다. 요즈음 한국의 위상이 느껴진다.

그동안 나이 든 사람이랑 잘 놀아주어서 고맙다고 했더니 옆방 학생들이 내가 있으니까 엄마랑 사는 것 같아 좋았단다. 아이고, 미리 좀 얘기해 주지 그랬냐, 몰랐잖아!

젊은 친구들을 많이 만들어야 해

이렇게 세월이 가고 이제 한국으로 가는 비행기 안, 넉 달여의 기간을 돌아보며 뿌듯함에 젖는다. 이걸 써서 올리고 나면 푹 쉬면서 그동안 바빠서 메모만 해놓은 글들을 다듬어 블로그에 올려야겠다. 순서가 바뀌지만, 뭐, 시차랑 상관없는 글들이니까.

공항에 내려 핸드폰을 다시 켜니 예쁜 카톡이 와 있다. 옆방에 살던 학생이 보낸 거다. 오늘 집에 들어오니 너무 허전하더라나. 한 사람의 자리가 참 크다는 생각이 들었단다. 아, 이 세상에는 나를 행복하게 해주는 사람이 왜 이렇게 많은 거야!!

미국에 오기 전에 남편이 말했었다. 가서 새로운 친구들을 많이 사귀어 봐. 친구를 과거의 우물에서만 길어오려 하지 말고. 우리 나이 친구들은 시간이 갈수록 숫자가 줄게 되어 있잖아. 젊은 친구들을 자꾸 만들어야 해, 그래야 삶이 풍요로워지지.

다음 학기에는 또 새로운 친구들이 늘어날 거다. 교수도 새로 사귀고 젊은이들도 알게 되고. 특히 서양 애들한테는 내가 자꾸 말을 걸어 소통해야겠다.

  철학 시간은 교수 혼자 얘기하니까 서로 말할 거리도 없고 끝나면 밤이라 급하게 나왔었는데, 어느 날 옆 사람에게 뭘 물어보니까 되게 친절하게 대해준다. 아, 이 사람도 내가 외국인이라 선뜻 말 걸기가 뭐 했었나 보다, 라는 느낌이 확 들었다. 이제부턴 내가 먼저 벽을 없애야지.

  과거의 추억을 나와 공유한 친구들도 소중하고, 새로운 추억을 함께 만들 사람들도 기대된다. 기다려요, 어디서 올지 모르는 미래의 새 친구들!

12 나의 정신을 여는 사람

두 번째 사회학 시험이 끝났다. 한 달 전에 첫 시험을 본 경험이 있어서 이번에는 조금 덜 힘들었다. 사실 어려운 정도는 비슷했는데, 이 교수의 시험 스타일을 아니까 준비하는 거나 문제에 대해 예상하는 게 지난번보다 수월했을 뿐이다.

이 시험은 좀 빡세다. 일단 객관식 문제 30개와 두세 줄로 답하는 short answer 문제가 20개, 총 50개의 문제를 한 시간 정도에 풀어야 한다. 그런 다음 15분에서 20분쯤 각자 알아서 쉬고 다시 한 시간쯤 긴 쓰기 시험을 본다. 시험시간이 두 시간 반인데 중간에 알아서 쉬고 시간을 조절하면 된다.

첫 번째 시험을 볼 때는 객관식, 단답형 정도로만 생각하고 일찍 끝나겠네, 했다가 당황하기도 했다. 아니, 무슨 객관식이 이렇게 어려워? 할 정도로 찬찬히 생각해야 하는 문제가 많았다. 강의 내용, 필기한 것 외에도 수업시간에 잠깐 본 비디오까지, 한마디로 샅샅이 다

꿰고 있어야 하는 거였다.

그래도 살아온 세월이 있어서인지 찬찬히 인생 경험을 동원하여 생각을 가다듬으면 답이 보이는 문제도 두어 개 있었다. 그런데 이게 뭐라고, 내가 다른 학생들처럼 UC버클리로 편입하려고 애쓰는 사람도 아니고, B를 받으면 어떻고 C를 받는다고 누가 뭐랄 사람도 없는데, 왜 시험에 신경을 쓰지, 싶기도 하다.

사실 시험이라는 게 오픈북 테스트가 아닌 이상 단기적으로 외워야 하는 게 있기 마련이다. 시험만 아니면 그냥 대충 알고 있어도 되고 크게 중요한 게 아닐 수도 있는데 시험 볼 때까지는 외워야 하는 거. 예를 들어 미국에서 화장 문화가 증가하게 된 원인을 세 개 이상 쓰라고 하면 필기한 걸 일단 좀 기억에 넣어 두어야 한다. 안 그랬다간 두 개 정도밖에 기억이 안 날 수도 있다.

그리고 각 시험마다 읽어야 하는 책이 한 권씩 있다. 교수가 준 스터디가이드를 참고해 읽으면서 메모를 해두는데, 시험 때가 되면 기억이 희미해져 전날 다시 읽으며 세세한 사항을 머릿속에 넣어둔다.

처음에는 내 나이에 이런 걸 구태여 세세히 기억해야 하나, 싶기도 했다. 뭐 수험생도 아닌데 외우다시피 머릿속에 차곡차곡 쟁여놓지? 이게 무슨 의미가 있지? 시험에 연연하는 것 같아 스스로 좀 한심해 보이기도 했다. 사람이 좀 쿨하게 대충 가서 시험 보면 되지, 뭘 하라는 대로 다 하고 있나 싶었다.

그런데도 평생을 따라다닌 모범생 기질 때문에 일단 시작해보니 의외로 재미도 있고 할 만했다. 무엇보다 그런 과정에서 내가 젊은 시절보다 암기력이 그다지 줄지 않았다는 느낌이 들었다.

오, 이거 신기한데? 요즘은 사람 이름이고 뭐고 듣고는 금방 까먹었는데, 그거랑 다른가? 나이 들면 종합적인 이해력이 향상된다는데, 그건 확실히 맞는 것 같고. 근데 거기다 암기력도 옛날 수준 유지? 이거 괜찮네, ㅎㅎ.

그리고 젊은 애들보다 잘하면 좋지, 뭐. 또 두뇌 훈련, 이거 나이 들수록 자꾸 하는 게 좋잖아? 게다가 이 교수가 객관식 문제를 진짜 잘 내네. 생각하며 문제 푸는 거, 이거 두뇌를 정말 활성화시키거든, 그런 생각이 들었다.

이 여교수는 실력도 있고 사람이 참 매력적이다. 수업용 ppt도 잘 만들고 강의 내용이 알차다. 이 내용으로 어느 명문대에서 강의해도 반응이 좋을 거다. 그래서 이 교수 강의를 따라다니며 듣는 학생들도 꽤 많다.

이 교수는 똑같은 범위에서 내는 객관식 문제를 매년 바꾼다. 그래서 지난해 문제를 살짝 사진 찍어 놓았던 것을 얻어서 공부한 애들이 당황한단다. 학생들이 왜 문제를 바꾸냐고 물으니까 당연히 문제는 새로 내야 하는 게 교수의 의무라고 말한다.

이런 걸 보면 아주 철저한 사람인데, 실제 성격은 상냥하고 여유 있고 배려심이 깊다. 그리고 시험 전에 반드시 리뷰 시간을 갖고 거기에 참가한 학생들한테는 추가 점수를 부여한다. 쓰는 시험 문제는 시험 전 시간에 미리 문제를 준다. 여섯 개씩 A, B로 나뉘어서 열두 개인데 미리 써 보고 준비한 다음 시험 날에 가서 두 개 중 하나가 걸리는 대로 한 시간 정도 써내면 된다. 주관식 문제도 강의 내용과 읽은 교재, 비디오 등등을 연관시켜 내는데 역시 문제 수준이 높다. 머리가 좋은 사람이다.

오늘 시험이 끝나고 나서 교수랑 잠깐 얘기를 하게 되었다. 내가 점심식사를 한번 같이하고 싶다고 했더니 아주 반색하며 좋다고 한다. ㅎㅎ 기분 좋다. 그런데 내가 대접하겠다고 했더니 아직은 학기 중이니까 밥값은 각자 내기로 하잔다. 아하, 김영란법은 없어도 여기도 이런 건 신경을 쓰는구나. 오늘은 채점해야 하니까 안 되고 나중에 시간을 보고 연락하겠단다.

이 교수는 죽음에 관한 강의를 해서인지 세월호 사건도 알고 있고 촛불혁명에 대해서도 내게 물어본다. 처음에 당시 여당 국회의원이 촛불은 바람이 불면 꺼진다고 하니까, 그다음 주에 사람들이 모두 LED 촛불을 들고 나갔다고 말해주니까 엄청 웃는다. 나는 신이 나서 경찰차에 꽃 스티커를 붙인 얘기며, 그 많은 사람들이 모였어도 아무도 다치지 않았다는 얘기를 자랑스럽게 늘어놓는다. 맘 맞는 사람이랑 대화하는 것처럼 즐거운 게 있을까. 나는 다음번의 식사와 대화를 기대하며 시험이 끝난 홀가분한 마음으로 강의실을 나왔다.

이번 달에는 죽음을 무엇으로 정의하는가 하는 문제도 다루었다. 의학적으로는 뇌사를 죽음으로 결정짓지만, 그 외에도 시체의 부패, 영혼의 소멸, 인간성(personhood)의 소실―치매로 인지능력이 없어진 경우―등등 여러 관점을 살펴보았다.

그리고 시체의 부패를 연구하는 비디오도 보았는데, 3일이면 벌레가 생기기 시작하고 그 후에 몸이 부풀어 오르며 체액이 빠져나간 다음 다시 2차 부패가 시작되고, 하는 과정을 찍은 거였다. 전에 조장에 관한 비디오를 보다가 놀란 적이 있어서인지 이제는 징그럽다는 생각 없이 과학적인 마인드로 보고 있는 자신을 발견한다.

이건 바디팜(body farm)에서 찍은 건데 정말 농장처럼 넓은 땅에 칸막이가 되어 있고 연구용 시체들이 놓여 있다. 그런데 이걸 보다가 교수가 자기는 죽으면 시신을 이런 곳에 기증하겠다고 한다.

아니, 이런 곳에? 자기 몸을 바깥에 널브러져 있는 시신들 옆에다? 나한테는 꽤 충격이다. 그런데 다시 생각해보면 그럴 수도 있겠다 싶기도 하다. 어차피 영혼이 떠난 빈껍데기라고 생각하면 안 될 것도 없겠지. 연구용으로 누군가에게 도움이 되는 거니까. 그래도… 나보고 하라고 한다면? 나는 아직 장기 기증도 꺼려지는데. 아직은 아니지만, 나도 후에 마음이 변할 수도 있지 않을까, 여러 생각이 오간다.

순간 영어 단어가 떠오른다. 영어로는 생각이 열려있는 것을 오픈

마인디드(open-minded) 라고 한다. 그런데 이 사람은 지금 나의 정신을 열어주는구나, 라는 생각이 스친다. 상상도 안 했던 일에 대해 내 생각에 변화가 생기는 거다.

내가 좋아하는 사람의 의견이 내 생각을 바꾸고 내 정신을 열리게 만드는구나… 문득 나는 교사로서 그런 일을 얼마나 했을까, 하는 상념이 지나간다. 어차피 다 지나간 일인데.

그나저나 나의 글들은? 내 블로그는 누군가의 정신을 조금이라도 열어주는 걸까. 뭐, 그런 거 생각할 거 있나. 어차피 인간은 이야기를 하는 동물, 그저 내가 어디선가 살아 움직이고 있다는 신호를 보내며 사는 거지.

그저 여기에 오지 않았으면 경험하지 않았을 여러 가지 일들, 이 강의를 듣지 않았으면 생각지 않았을 여러 주제에 대해 내 정신이 열려간다는 느낌을 기분 좋게 즐기자. 그리고 앞으로의 새로운 경험을 기대하며 살아가자. 내가 열리면 내 글을 읽는 사람들도 열리기겠지, 생각하며.

13 안락사가 허용된다면

죽음학 세 번째 시험이 끝났다. 마지막 시험인데 주관식 쓰기 시험은 면제받았다. 하마터면 이걸 모르고 고생할 뻔했다.

지난주 마지막 시간, 쓰기 시험에 관한 자료를 받았다. 이번에는 르완다 내전에 관한 책을 읽었는데, 시험 제목을 보니, 이 책의 내용을 다른 사람에게 소개한다고 생각하고 요약해보란다. 그런데 이 책에 나오는 인물 중에 네 사람 이상에 관한 얘기를 포함해야 하고 두 군데 이상의 장소에 대해 설명해야 한다. (쓰기 시험은 일주일 전 제목을 미리 알려준다.)

아이고, 이 복잡한 국내와 국외의 정치역학, 석 달 동안 80만 명 이상이 인종이 다르다고 학살당하고 그 후에 이어지는 복잡한 국내 사정, 이런 일이 생겨난 배경, 여기에는 아프리카의 수난사가 다 들어가 있는데 이걸 정리하라고? 하루는 족히 걸리겠구먼, 그러고 있는데 옆에 앉은 애가 자기는 이 시험 안 봐도 된단다. 무슨 소리냐니까 첫 시간에 나눠준 자료를 보며 설명해준다. 쓰기 시험은 총평가의 20프로가 들어가는데 세 번의 시험 중 잘한 거 두 개를 10프로씩 넣는 거다. 그러니 앞의 두 개를 잘 보았으면 마지막 거는 안 봐도 된단다.

아니, 세상에 이런 기쁜 일이! 혹시나 해서 교수에게 확인하니까 두 개를 90점 이상 받았으면 충분하단다. 으흐흐, 철학 에세이도 써야 하고 바쁜데, 세상이 내게 아주 우호적이구먼. 게다가 객관식 시험도 세 개 중 제일 잘 본 거는 35프로, 두 번째 거는 25프로, 제일 못 본 거는 10프로, 이렇게 해서 70프로를 넣는단다. 매주 포스팅했던 거 10프로 넣고. 지난 두 번 웬만큼 했으니 이번 거 못 봐도 10프로밖에 안 들어간다. 괜찮네…

평가방식이 재미있기도 하고 참 영리한 발상이라는 생각이 든다. 초반에 열심히 해 두면 나중에 편한 거다. 아, 우리 인생도 젊어서 열심히 살면 노년에 편해질 수 있어야 하는데… 어쨌거나 바쁜 학기 말에 시간과 마음이 많이 여유로워졌다.

이번 학기에는 세 가지 큰 주제에 따른 세 권의 책을 읽었다. 처음에는 여러 나라의 장례 문화를 살펴보면서 화장장에서 근무한 여성이 쓴 'Smoke gets in your eyes'라는 책을 읽었다. 두 번째는 죽음을 맞이하는 당사자나 가족이 느끼는 심리적 상황부터 사회적 절차에 이르기까지를 살펴보았고, 죽음과 관련된 기관—병원, 호스피스, 응급구조대 등등—에서 일한 사람들의 글을 모은 'At the end of life'라는 책을 읽었다. 마지막으로는 급작스러운 죽음 — 사고사, 자살, 학살 등 — 을 살펴보았고, 'We wish to inform you that tomorrow we will be killed with our families'라는 책을 읽었다. 이는 기자가 쓴 르완다 인종학살 사태 보고서이다.

1994년에 후투족이 투찌족을 학살한 일에 관한 것으로 석 달 동안에만 80만 명 이상이 학살당한 광기의 역사이다. 그런데 그 과정에서의 정치 역학을 보면 정도의 차이가 있을 뿐 세계 어느 곳이나 비슷한 양상을 띠고 있는 걸 알 수 있다. 우리나라에서 독재를 유지하기 위해 반공 이데올로기를 이용한 것이나 후투족이 자기네 권력을 유지하고 온건파를 처단하기 위해 투찌족에게 화살을 돌려 대량 학살이 일어난 일, 이 끔찍하고 절박한 상황에서도 자국의 경제적 이익에 따라 움직이는 세계의 정치권력들. 종교 지도자들 역시 학살을 방조하고 훗날 전범재판에서도 궤변을 늘어놓는다. 이러한 가슴 답답한 이야기 속에서도 아프리카 지성들의 노력과 희망을 조심스럽게 설파하는 내용이 감동적이기도 했다.

이 죽음의 사회학을 수강하며 내가 여기 오기 정말 잘했다는 생각을 여러 번 했다. 이 강의에서는 좋은 책들도 읽었지만 좋은 비디오도 많이 보았다.

특히 기억에 남는 내용은 벨기에의 안락사에 관한 것이었다. 유럽은 미국보다도 안락사에 아주 허용적이다. 캘리포니아에서는 말기

병 환자에게만 안락사가 허용되고 미성년자에겐 허용되지 않는다. 그런데 벨기에에서는 육체적인 고통 외에 정신적 고통도 안락사의 조건이 된다. 그리고 미성년자도 안락사를 신청할 수 있다.

비디오에는 두 자녀를 사고로 잃고 정신적 고통을 참을 수 없다며 안락사를 선택한 40대 여성도 언급된다. 또 한 경우는 85세의 할머니인데 안락사를 시행하기까지를 동반 취재했다.

좋은 양로시설에서 아무런 문제 없이 생활하던 건강한 이분은 석 달 전에 딸이 사고로 죽자 정신적 고통을 참을 수 없다며 안락사를 신청했다. 세 명의 의사에게 승낙을 받으면 된다. 86세가 되는 날을 죽음의 날로 선택한 이 할머니는 아침에 식사를 끝내고 평소와 똑같이 헬스장에서 운동한 다음 친구들을 찾아 작별 인사를 건넨다. 12시가 되자 의사한테 가서 결심이 바뀌지 않았느냐는 질문에 그렇다고 대답한다. 의사는 소주 잔만 한 컵에 담긴 약물을 건네고 이 분은 이제 딸을 만나러 간다며 약을 마시고 오 분 후 고통 없이 세상을 떠난다.

영화 '오베라는 남자'를 보면 부인을 잃고 직장에서도 해고당한 후 자살을 여러 번 시도하는 주인공 오베가 나온다. 매번 일이 생겨 실패하다가 옆집 가족 및 동네 사람들과 교류가 생기면서 조금씩 삶의 즐거움을 되찾고 자연사하게 되는 이야기가 잔잔하면서도 위트 있게 그려진다.

가족을 잃고 나서 석 달은 누구라도 죽고 싶은 맘이 자주 들 텐데, 이 벨기에 할머니는 오베 같은 가능성을 아예 봉쇄해 버린 거다. 안락사에 대해선 이런 경우가 아니더라도 종교적인 걸 비롯해 여러 견해와 논쟁이 있을 수 있다.

아니, 이런 상상도 해볼 수 있겠다. 인간이 아무 때고 이렇게 간단히 감기약 마시듯이 약을 먹고 고통 없이 세상을 떠날 수 있다면, 나이와 상관없이 얼마나 많은 사람들이 이런 선택을 하게 될까.

그런데, 오베가 새로운 인연을 하나 더 맺고 세상을 떠나는 게 꼭 필요한 일일까? 뭐, 그동안도 잘 살았으면 된 거 아닌가? 수명이 연장된 것이 죽어가는 과정을 지연시키는 일에 불과한 경우도 많은데 상황에 따라 죽음을 스스로 선택할 수 있다면, 그것도 괜찮은 거 아닐까.

기독교인들이 이런 얘기 들으면 엄청 반발할 거다. 미물에 대한 살생도 금지하는 불교에서도 반대할 일이겠지만, 그리고 나도 가족이 있는 한은 죽고 싶지 않겠지만, 그저 딴 나라 얘기 보면서 이런저런 상념이 드는 거다.

하지만 이런 안락사 문제는 결국 세계적으로 점점 허용되어 갈 거니까, 이런 일이 빈번해지면 종교적인 해석도 결국은 변하게 되지 않겠는가. 성당에 다닌다고 이혼을 못 하는 건 아니니까. 어쨌거나 쓸 데 있는, 또는 없는, 생각들과 함께 한 학기가 끝났다.

한 학기 동안 내 눈도 고생이 많았다. 영어책은 왜 그렇게 글씨가 깨알 같은지, 두 번째 책은 피디에프 파일을 구해서 읽었고 마지막 책은 도서관에서 빌린 책을 확대 복사해서 읽기도 했다.

대학 근처의 셀프 복사집을 뒤지다 보니 B4 사이즈 정도로 확대하는데 40센트인 곳을 발견했는데 그 후에는 25센트, 20센트, 마지막에는 11센트인 곳을 찾아냈다. 와, 점점 돈을 버네, 이러면서 복사해서 읽고 시험 끝나고 교수한테 주고 왔다. 나 같은 사람이 도움받으라고.

책이 350쪽이니까 펼쳐서 두 면씩 확대 복사하면, 175x130원, 세금까지 해서 2만 5천 원 정도 들었지만, 여기 물가를 생각하면 싸게 해결한 셈이다. 그리고 돈은 쓸 데는 써야 하는 법. 이만하면 모든 게 성공적이다.

아, 이제 한국 가서 쉴 일만 남았다.

14 교수를 평가하라

우리가 어떤 교수에 대한 평가를 인터넷 사이트에서 자유롭게 볼 수가 있다면? 그 대학 학생이 아니더라도, 심지어 학생 신분이 아닌 누구라도 말이다. 요즈음에는 우리나라 학생들도 자기들만의 사이트를 만들어 교수를 평가하고 공유한다고는 하지만, 미국처럼 완전 공개적이지는 않을 거다.

아마 미국식으로 하면 우리나라에선 교수들이 엄청 반발할 거다. 나도 교원평가는 찬성하는 사람이었지만 나에 대한 평가가 만천하에 공개된다면? 아주 당혹스러울 거다.

어쨌든 ratemyprofessors.com(나의 교수를 평가하라)이라는 사이트에 들어가서 대학교명을 넣고 교수 이름을 치면 다양한 정보가 나온다. 교수에 대한 전체 평가와 수업의 난이도가 각각 5.0 만점으로 수치화되어 있다. 그리고 학생들의 주관식 평가 의견도 쭉 나열되어 있다.

이런 사이트가 있다는 건 나도 예전에 들은 바 있는데, 무심히 지냈었다. 그런데 철학 강의를 같이 듣는 아시아 학생이 따라가기가 어렵다기에, 전공도 아닌데 왜 이 과목을 신청했냐니까 교수에 대한 평가가 좋았기 때문이란다.

그래? 뭐가 좋지? 하고 사이트에 들어가 보니 교수가 학생들과 소통을 잘한단다. 수업은 혼자서 일사천리더구먼. 알고 보니 금요일 오후마다 학교 옆 카페에서 늘 철학 토론을 한단다. 이런 걸 즐기는 학생들이 평가를 높게 해놓은 거였다. 그러니 고등학교를 갓 졸업하고 온 외국 학생에겐 어려울 수밖에.

학기 말에 그 학생을 도서관에서 만났는데 성적이 원하는 만큼 안 나왔다고 교수한테 말했더니 에세이를 하나 더 쓰면 추가 점수를 주겠다고 했다면서 네 번째 에세이를 쓰고 있었다. 그런 걸 보면 교수가 성격이 좋은 거 같다.

사실 철학 과목은 들을까 말까 고민하다 네 과목을 채워야 한대서 할 수 없이 들은 거였다. 하다가 힘들면 재껴버리자 생각했는데 그럭저럭 따라가다 보니 에세이 세 개를 다 쓰고 잘 끝내게 되었다.

에세이 주제도 자유인데, 교수의 강의 사이트에 몇 개씩 예시가 나와 있었다. 그래서 진도에 맞추어 그중 하나씩 세 개를 쓰고 끝냈다.

첫 번째 주제는 로크의 주관성과 객관성에 관한 거였다. 로크는 주관적 성질과 객관적 성질을 구분했는데, 예를 들어 빨강이라는 단어는 색맹인 사람이나 개들은 느낄 수 없으니 주관적 성질에 해당한다는 것이다. 로크에 이어 흄에 이르면 인간의 모든 믿음은 가정이며 습관이며 편견이라는 주장이 나오게 된다.

나는 로크의 주장을 몇 개의 예로 반박했다. 예를 들어 cold라는 단어는 사람에 따라 느낌이 다를 수 있지만, 북극에서 얼음을 만지면서 따뜻하다고 할 사람은 없을 거다. 그러니 판단이 애매한 어느 정도의 회색 영역(grey area)은 있겠지만, 현실에서는 실제 상황에 따라 공통분모를 찾아 정의를 내려야 할 것이다. 어찌 보면 철학자들의 이런 객관성 논쟁은 어차피 명확히 정의할 수 없는 것들을 정의하려고 시도하는 데서 생기는 것이니 로크, 버클리, 흄 등을 거치며 여러 주장이 있지만 우리의 실생활에서는 처한 상황에 따라 항상 선택이 있을 것이다.

이런 식으로 논의를 전개한 다음 실제 상황에서의 객관성을 정의하는 예로 미디어와 현실의 관계를 예로 들었다. 사실 우리에게 완벽한 객관성이란 존재하지 않는다. 우리가 기사의 제목을 정할 때부터, 어떤 기사를 쓸 것인가의 선택부터 주관이 개입하게 되는 거다. 그래서 언론학에서는 롤스의 정의론을 활용하여 객관적이냐는 것을 정의로우냐의 관점에서 판단하며, 그것은 소외된 계층에 더 많은 관심을 할애하는 것이라는 주장이 나온다는 내용을 언급했다. 철학의 객관성 문제에서 사회학적으로 논의를 옮겨간 거다.

어디선가 읽은 미디어에서의 객관성 문제를 논의에 끼워 넣었지만, 내 스스로도 사회의 정의에 관해 다시 한번 생각해보는 계기가 되었다. 객관적이라는 것이 정의로움과 연결되며 이것이 '절반 대 절반'의 배분이 아니라는 주장은 참 따뜻하지 않은가.

그것은 부자가 세금을 더 많이 내야하고 혜택받은 자들이 그렇지 못한 사람들과 나누고 배려해야 한다는 생각과도 통하는 것 같다. 마음이 여유로운 사람이 까칠한 사람을 다독이고 상대적으로 우월한 위치에 있는 사람이 그보다 아래의 사람에게 갑질하지 않는 것, 이것이 실제 사회상황에서 객관적이고 정의로운 상태일 거다.

사실 나는 철학은 평생 개론서 몇 권 읽은 거밖에 없어서 교수가 사이트에 올린 몇 개의 글과 여기저기서 주워들은 내용으로 썰을 푼 건데 교수의 평가는 나쁘지 않았다. 자기의 견해를 쓰라는 거니까.

문득 대학교 때 들은 일화가 생각났다. 당시 유명했던 서울대 심리학과 교수 얘기였다. 어떤 학생이 교수의 강의를 열심히 듣고 필기하고 달달 외워서 시험에 그대로 썼는데, C를 받았단다. 황당해진 이 학생, 교수에게 가서 항의했다. 그랬더니 이 교수님이 한 말, "원래 내 실력이 C에요."

첫 시간에 철학 교수가 인터넷에서 따붙이지 말라고, 어떨 때는 링크 표시까지 딸려오는 경우도 있다며 많은 자료를 읽고 전문적으로 쓰기보다는 자신만의 생각을 피력하는 게 중요하다고 했었다. 처음에는 좀 부담스러웠지만 하다 보니 내 스스로 주제에 맞게 생각을 가

다듬고 나만의 견해를 피력하는 거라 쓰고 나니 성취감도 있었다.

  그런데 개인적인 느낌이지만 이리저리 생각을 돌리다 보니, 결국 철학은 현실에서 작동할 땐 상식으로 귀결되는 게 아닌가 하는 생각이 들었다. 상식적이라는 것, 그것이 중용이고 나눔이고 함께하는 삶의 기초일 거라는.

15 유학생의 방학 생활

5월 말에 귀국하고 나서 어느새 두 달이 훨씬 지났다. 가끔 친구들도 만나고 소소한 모임에 나가며 주로 푹 쉬는 날들이 이어졌다. 한국이 좋은 것 중 하나는 내 나이에 외국 가서 공부하는 걸 매우 인정해 준다는 점이다. 하하, 미국 사람들은 내가 퇴직하고 공부하러 왔다고 해도 그다지 감동이 없거든요~~

어쨌거나, 한 모임에 갔는데 어떤 출판사 사장님 말씀이, 자기 부인이 내 블로그를 보더니 자기도 외국에 공부하러 나가고 싶다고 한단다. 그래서 "돈 있겠다, 보내시지요," 했더니 자기가 부인을 내보낼 용기가 없단다. 하긴 한국 남자들은 대부분 혼자서 생활하는 걸 겁내거나 불편해하지. 모임에 있던 다른 사람들도 내가 해외로 나다니는 것보다 남편이 그걸 동의하는 게 더 대단한 듯이 말한다.

그래서 이런 말을 했다. "이 사람이 결혼할 때 내게 그랬거든요. 자기랑 결혼하면 시간과 자유를 주겠다고. 그런데 살아보니까 시간과 자유라는 게 돈이 있어야 되는 거더라고요. 하하, 돈 주겠다는 사람이랑 결혼했으면 시간과 자유가 자연히 따라오는 건데, 그땐 그걸 몰랐어요. 이제서야 그 시간과 자유가 좀 생긴 거에요."

그래도 한국 남자치고는 남편이 생각이 열려 있다는 건 고마운 일이다. 결혼 전에 살림 걱정하는 내게 말하길, "일단 하루에 한 가지씩 일주일 메뉴를 적어놓고 빙빙 돌리면 돼. 하루에 일곱 가지 반찬을 먹으나 일주일에 걸쳐 일곱 가지 반찬을 먹으나 영양상에는 지장이 없거든. 뭐 해 먹을까 생각할 시간에 하고 싶은 일 하고 읽고 싶은 책 읽으라고."

인생이 말처럼 이렇게 단순하지는 않지만 어쨌거나 여자라는 이유로 뭔가 굴레를 씌우는 사람은 아니어서 여태까지 별 무리 없이 살아온 것 같다. 내가 나가 있는 동안 일주일에 두 번, 네 시간씩 도우미 아줌마가 오시니까 남편도 일단 식사나 청소 등 기본적인 건 해결되는 셈이다. 게다가 원래 나가서 저녁 먹는 일이 허다한 사람이니까.

한 번은 어떤 분이 기특하다고 밥을 사주면서 농담 삼아 이렇게 말했다. "아니, 돈 있다고 자랑하는 거야, 뭐야. 왜 그 고생을 사서 하지?" 내 대답은? "연금 내에서 일이 년 하는 거지요. 그래도 그 돈으로 샤넬 백 사는 것보단 지식 쇼핑이 낫지 않을까요?"

하긴 모두가 나처럼 사는 건 아니지. 어느 날 우리 딸이 말하기를, "엄마, 우리 가족은 무슨 시트콤 나오는 사람들 같아. 나는 다들 우리처럼 사는 줄 알았는데, 아닌가 봐. 내 친구들이 그러는데, 아빠나 엄마나 좀 독특하대. 엄마가 그러고 공부하러 다니는 게 신기한가 봐. 처음에는 엄마 아빠가 사이가 안 좋으냐고 묻더라고."

 그런데 정말 나는 왜 이걸 하는 걸까? 문득 지난 학기에 써낸 철학 과목 에세이가 떠오른다. 두 번째 주제는 쇼펜하우어를 "lose oneself"의 관점에서 니체의 "choose oneself"와 비교하고 이 두 가지의 장점과 단점을 언급한 다음 당신의 삶은 어느 쪽인가를 설명하라는 것이었다. 쇼펜하우어는 "자신을 잃어버리기, 즉 놓아 버리기"의 태도라면, 니체는 "자신을 최대한 실현하기"라고 볼 수 있겠다. 교수한테 choose oneself라는 표현이 있냐고 물었더니 그건 lose oneself와 운을 맞추기 위해 자기가 만든 말이라고 한다.

 내가 생각한 lose oneself의 장점은 인간이 탐욕을 절제하고 스트레스가 덜한 삶을 살 수 있다는 것이고, 반면에 choose oneself의 장점은 자신의 능력을 최대한으로 발현시킬 수 있는 것이라 하겠다. 그럼 내 삶은 어느 쪽일까. 어떤 한쪽이라기보다는 좌우의 양쪽 편에서 이리저리 상황에 따라 움직이는 게 아닐까. 내 경우는 젊어서는 choose oneself 쪽에 몰두했다면 나이 들어가면서 지금은 lose oneself 쪽으로 기울어져 가는 듯하다. 그런데 가장 이상적인 것은 lose oneself가 종국에는 choose oneself가 되는 게 아닐까. 자신을 완전히 놓아 버렸지만, 그것이 가장 자신을 고양시키고 인류에 기여하는 결과를 가져온 경우. 마하트마 간디나 테레사 수녀, 슈바이처 박사 등이 그런 예가 아닐까. 그렇다면 내 경우도 현재의 내 공부가 누군가를 위해 쓰인다면 그런 방향으로 가는 게 아닐까, 이런 식으로 전개했다. 아마도 내가 왜 이 머나먼 곳까지 와서 공부하고 있는가에 대한 설명이 될 수도 있지 않을까 싶다.

한 가지 더, 내가 여기서 공부하며 사는 일로 내게 아주 감사하는 사람이 생겼다. 이 사람은 나를 소개할 때면 자기가 대학원 공부하게 영감을 준 사람이라고 한다. 나는 기억도 잘 안 나는데, 이 여성이 어느 날 내가 미국에 공부하러 간다는 말을 듣고 내게 남편이 허락했냐고 물었단다. "내가 내 공부하러 가는데 왜 남편의 허락을 받아야 하지요?" 하는 내 대답에 순간 머리를 한 대 쾅 얻어맞은 느낌이었단다. 50대 중반이 되도록 권위적이고 통제적인 남편에게 적응해서만 살아왔는데, 어, 이게 아니지, 하는 자각이 세게 왔고, 당장 대학원을 준비해서 입학했단다. 남편이 매우 못마땅해하지만 내친김에 박사학위까지 하겠단다. 내 삶이 누구에겐가 도움이 되었다면 그것도 괜찮은 일이다.

이 글을 써놓은 지 얼마 되지 않은 8월 16일, 나는 다시 샌프란시스코행 비행기에 올랐다. 이번 학기는 출발부터 '대~~박'!! 우리 젊었을 때는 써보지 않은 말이어서 젊은 애들 쓰듯이 자연스럽게 이 말을 쓰지는 않았던 것 같다. 그런데, 오늘, 이 말처럼 내 신나는 기분을 표현하기에 적합한 말은 없는 듯. 하하, 내 평생에 처음 타보는 비즈니스 클래스!

탑승구 앞에 서 있는데 내 이름을 부르기에 가보니 오늘 이코노미 석이 만석이라 비즈니스로 업그레이드해 준단다. 마일리지가 많은 사람으로 해 준다나. 그래서 마일리지를 차감하냐니까 아니라고. 승무원이 "오늘 게 타신 거예요," 한다. 그나저나 젊은이들은 '게 탄다'는 말을 알까? 게가 무엇인지?

드디어 비즈니스석. 비행기를 많이 타본 편이지만 그동안 비즈니스석은 엄두도 못 냈었다. 세배는 비싸다는데… 나는 그저 좌석이 공항 리무진 정도로 젖혀지는 줄 알았는데, 아니, 180도 쫙 펼쳐지네! 으라차차, 누워서 간다! 식사도 일회용 용기가 아닌 정식 그릇에 차려주고, 애피타이저, 후식도 좋네.

이래서 사람은 어려서 좀 궁핍해 봐야 하는 거다. 지금 내 옆에 비즈니스석을 타고 다니는 중고생들처럼 살아왔다면 이런 행복감이 있겠냐고요. 출발이 좋으면 다 좋다, 라는 말을 상기하며 새로운 학기를 위해 전진한다.

16 퀘이커와의 만남(1)

이번 학기부터 샌프란시스코의 퀘이커 모임에 다니고 있다. 퀘이커에 대해 잘 모르는 사람들에게 나는 우선 유니세프를 처음 만든 종교 그룹이라고 말해준다. 특히 세계 평화와 정의, 인권 문제에 관심이 많다. 2차대전 이후에는 전쟁을 일으킨 독일에도 똑같이 약품을 보내주고 구호활동을 벌였으며 1947년 종교 단체 최초로 노벨평화상을 수상했다. 미국에서 가장 먼저 노예해방을 주장했으며 영국에서는 전쟁을 반대해서 세금을 안 내겠다며 정부와 싸운 적도 있다. 2차대전 때에는 양심적 병역거부자가 많았는데 마침 법이 개정되어 대체복무를 할 수 있었다고 한다.

퀘이커는 17세기에 영국에서 생긴 종교인데 요한복음의 첫머리에 나오는 구절을 중시하여 모든 개인의 마음속에 '내면의 빛'이 있다고 생각한다. 예배 방식은 아주 독특하다. 정해진 목사가 없으며 조용히 침묵(silence)을 하다가 떠오르는 생각이 신의 말씀이라고 생각해 그 얘기를 한다. 아주 평등하며 정신적으로 고차원적인 종교라 할 수 있다. 그래서 유럽의 퀘이커 교도의 3분의 1은 교사와 교수가 차지한다는 말을 들은 적이 있다.

퀘이커들은 소박하게 늘 검은 옷을 입고 다니며 정직하기로 소문나서 사업을 하여 번창을 한 사람들이 많았다. 전 세계적으로 유명한 퀘이커 오트밀이 그렇게 성공한 사례이다. 재미있는 사실은, 후에 부자가 된 퀘이커들은 옷은 검은색으로 입었지만 옷감은 최고급으로 했단다.

미국에서는 펜실베니아를 세운 윌리엄 펜을 중심으로 퀘이커가 확산되었다. 미국의 명문인 스와츠모어대학이 퀘이커에 의해 설립되었으며 듀크대학도 감리교도와 퀘이커에 의해 설립되었다. 후에 아프리카에서 선교할 때는 silence를 하는 종래의 방식이 어려워서 다른 교파들처럼 목사가 있는 형태로 변했고 대만의 퀘이커교회도 목회자가 있다고 한다.

한국에서는 함석헌선생이 퀘이커를 택하셨는데, 남편이 대학교 때 이분의 장자 강의를 들으러 다니다가 이 모임에도 나가게 되면서 나도 잠시 다닌 적이 있다. 종교가 없는 나는 이 모임이 자유스럽고 편안했다. 다른 교파처럼 전도에 열 올리지 않고 다른 종교에 개방적이며 교도(member)가 아니고 그냥 참석자(attender)로 다닐 수 있기 때문이다.

이번 학기가 시작되자 홀로 작은 스튜디오에 들어앉으니 많이 답답했다. 젊을 때 외국에서 공부할 때는 친구들도 많고 어울릴 일이 많았는데, 늙어서 혼자 다니자니 슬슬 외롭기 시작했다. 수업 끝나면 다들 휘리릭 사라지고 혼자서 도서관에 갔다가 집으로 오면 일단 영어를 쓸 일이 거의 없는지라, 방안에 들어서면 휑하니 고립감이 몰려왔다. 인간이 인간과 얘기를 해야 뭐가 정신적으로 돌아가지, 영 막막한 기분이었다. 그래서 괜히 일 층에 사무실을 지키는 아저씨에게라도 말을 걸어 수다를 떨고 나면 좀 기분이 나아졌다. 사람들을 만나야지, 어떤 모임에라도 속해야지, 싶다가 아직 종교가 없으니 교회에 가기도 그렇고 해서 생각해 낸 게 바로 퀘이커 모임이었다.

다행히 집에서 걸어서 20여 분 가면 되는 번화가에 미팅하우스가 자리 잡고 있어서 다니기에 편했다. 퀘이커는 예배라는 말을 안 쓰고 모임(meeting)이라고 하고, 교회 대신 모임집(meeting house)이라고 부른다. 처음 가보니 40명쯤 모였는데 분위기도 좋고 사람들도 수준 있는 듯했다. 끝나고 자기소개하고 간단히 점심 먹고 얘기를 나누다가 나왔다.

두 번째 갔더니 아는 얼굴도 있어 좋다. 내가 계속 나올 거라니까 사람들이 좋아한다. 지난번에는 한 번만 방문하는 줄 알았단다. 사람이 말을 하고 살아야지, 영어든 한국어든, 이렇게 모여 떠들고 나니 개운하다. 10시 반에 나가서 25분 걸어서 미팅하우스 도착, 사일런스 끝나고 점심 먹으며 한 시간쯤 떠들고, 일요일에 열리는 길거리 오픈 마켓에서 과일 좀 사가지고 두 시에 집에 오는 일이 일요일의 일과가 되었다. 전직 교사인 사람과 친해져서 한참 떠들며 걷다가 헤어지고 집에 오니 심심하지 않아서 좋았다.

한번은 시에라산 자락에 있는 퀘이커센터에서 주말에 모임을 한다고 해서 참석한 적도 있다. 숲속 캐빈에서 잠을 자고 아침에 일어나 연못으로 가서 둘러앉아 사일런스도 하고 여러 주제로 모임과 강연을 하고 — 주로 평화에 관한 내용이 많다 — 짬짬이 과일도 따고 저녁에는 퀘이커 가족이 나오는 영화, '우정어린 설복(Friendly Persuasion)'을 감상했다. 게리 쿠퍼, 앤소니 퍼킨스 같은 옛날 배우들이 정겹게 느껴져서 좋았다.

퀘이커 같은 소규모의 종교는 점점 사라져간다고 한다. 젊은이들이나 중년이 드물고 거의 60대 이상에서 80대까지 모였다. 밤에는 모여서 옛날 노래를 하며 놀았다. 머리 허연 초로의 아저씨가 기타를 치는데, 참 잘생기고 멋있다. 저녁 식사 때 대화를 했었는데, 대학교수였단다. 점잖고 지적이다. 함석헌 선생도 알고 있고 아시아에도 많이 갔었다고 한다.

저 사람의 인생은 어떠했을까? 젊어서 정말 멋있었을 거 같은데, ㅎㅎ. 이성적인 끌림이나 설렘 없이 인간의 일생을 생각해 본다. 언제 세상을 떠날지 모르는, 그나 나나 모두 웬만큼 인생을 살아온 사람들인데, 황혼에 들어선 동질감이랄까, 그런 걸 느낀다. 퀘이커는 채식을 많이 하고 소식하는 사람들이 많아 거기서 주말을 보내고 나니 위도 많이 좋아진 것 같았다.

늙어 갈수록 인간은 인간을 자주, 많이 만나야 한다. 지적인 수준이 비슷하고 정신적인 삶을 추구하는 사람들을 만나는 일은 즐겁고 복된 일이다.

17 퀘이커와의 만남(2)

추수감사절(thanksgiving) 날, 가족 만나러 가지 않고 있는 사람들은 11시에 퀘이커 모임이 있다고 해서 나갔다. 간단히 사일런스하고 십여 명이 모여서 함께 식사했다. 사람들이 칠면조 요리랑 몇 가지를 해왔다. 식사 중에 홈리스로 보이는 사람 둘을 누가 데려왔는데, 그중 한 흑인 노인은 몸이 부실해 손까지 떨면서 밥을 먹었다. 그러더니 우리가 대화하는 동안 소파에 가서 앉아 졸기 시작했다. 순간, 아, 저 사람의 삶에선 안락한 소파에 앉는 것도 사치이겠구나, 싶었다. 늘 차가운 바닥에 앉거나 눕거나였을 테니. 같은 지구상에, 그것도 이 풍요로운 나라에 태어나 저런 삶을 살아가야 하는 사람들이 안쓰럽다.

하긴 사람이 꼭 침대에서 자란 법은 없지. 문득 영국에서 들은 이야기가 생각난다, 영국에서 두 번째로 큰 도시인 버밍엄에는 셀리오크 칼리지란 곳이 있다. 퀘이커, 감리교를 비롯한 여섯 개의 교단이 연합으로 만든 대학이다. 퀘이커센터는 초콜릿 재벌인 캐드베리가 자신이 살던 저택을 기부해서 개조한 곳으로 아담한 호수가 있고 캐나다거위들이 한가롭게 오가는 아름다운 곳이다.

이곳은 평화와 인권에 관심이 많아서 마하트마 간디를 초대한 적이 있었는데, 훗날 어떤 모녀가 방문해서 간디가 묵고 간 방에 자게 해달라고 했단다. 그런데 침대가 두 개니까 간디가 어느 침대에서 잤는지를 알 수가 없어 엄마랑 딸이 밤에 자다가 침대를 바꾸어 잤단다. 다음 날 아침에 그 얘기를 했더니 담당자 말이, 간디는 바닥에서 잤는데요, 하더란다. 아, 그리고 오래전 태국 친구가 자기네 국왕을 자랑하며, 국왕이 가난한 농가를 방문하면 그 사람들처럼 바닥에 돗자리 하나 깔고 잔다고 하던 말도 떠오르네. 그래, 춥지만 않으면 바닥도 나쁠 건 없겠지, 하며 연민으로 불편해진 맘을 추슬러본다.

이 모임을 주선한 크리스타 말이 남편이 3년째 노숙인을 위한 활동을 하면서 알게 된 사람이라 들어와 식사하라고 했단다. 그리고 일요일마다 헌 옷을 모으니까 혹시 있으면 가져오란다. 코트는 늘 부족하니까 갖다 달란다. 너무 두껍다고 사놓고 안 입는 코트를 갖다 주어야겠다.

아침에 거리를 걷는데 날씨도 춥고 음산한 데다가 명절이라 모두들 고향으로 떠나 거리에 사람도 없고 홈리스들만 눈에 띄니까 좀 이상했다. 거기다 어떤 거지가 전철 계단 앞에 앉아 있던 홈리스를 긴 우산으로 몇 번 내려치고 도망가는 걸 보았다.

모임이 끝나고 나오는데 누가 집까지 태워다 주겠다 해서 얼른 올라탔다. 아침에 본 얘기를 하면서 오늘은 왠지 걷기 싫었다고 했더니, 느낌이 그럴 땐 그걸 따라야 한다고 말한다. 집에 와서 쉬는데, 대체 왜 이리 추운 거야. 기온은 8도인데 체감온도가 4도란다. 방도 썰렁하고 바람이 많이 불고 음산해서 영 기분이 처진다. 파카를 껴입고 있으니 춥진 않지만 그래도 집에 훈기가 있어야지. 친구가 준 밍크 담요를 오리털 이불 위에 얹고 잤다. 다음날 사무실에 내려가 낮에도 스팀 좀 넣어달라니까 사무실에 있는 안 쓰는 히터를 빌려주었다.

얼마 후에는 퀘이커 여성 모임에 갔다. 일 년에 두어 번 한다는데 20명 넘게 모였다. 75세 정도 되어 보이는 제인(가명)이라는 여성의 집에서 하는데 다운타운에서 그리 멀지 않은 고급 주택가에 있고 건너편에는 공원도 있다. 처음 모임에 갔을 때 그녀의 옷차림이나 용모가 아주 세련되어 보였는데, 누구나 부러워할 여유 있는 노후를 보내는 것 같았다.

전체 프로그램이 아주 맘에 들었다. 우선 자기소개를 하는데, 덧붙여 열 살에 어디서 살았는지도 말하란다. 스무 명도 넘는데 의외로 샌프란시스코 토박이는 서너 명? 우리랑은 다른 것 같다. 나라도 워낙 크고 대학, 직업, 결혼 등으로 이동이 많다.

그다음은 여러 잡지를 나누어 주고 오늘 아침에 자기에게 떠오른 생각을 바탕으로 맘에 드는 걸 오려서 콜라주 만들기. 나는 무심히 잡지를 뒤적이다가 'The New Sunset'이란 글자가 보이기에 그 글자와 함께 관련된 사진 몇 개를 잘라냈다. 그다음 아름다운 자연 사진들과 사람들 활동하는 그림인데 애니 같이 기하학적인 게 있길래 그것도 오렸다. 또 뒤지다 보니 커플이 사막을 손잡고 걷는 게 보여서 밑에다 붙였다.

발표는 여덟 명씩 세 팀으로 나눠서 했는데, 내 차례가 되어 나의 작품을 설명했다. 나는 이제 황혼(sunset)에 가까이 왔다. 내 인생은 가을에서 겨울로 넘어가지만, 자연은 사계절 다 아름다우니 즐기며 약간의 활동이 필요하다. 그리고 황혼 속을 남편과 손잡고 가고 싶다. 역시 나는 좀 로맨틱, 계열인 것 같다. 그런데 참가한 사람들 대부분이 지금 힘든 점이나 내면의 갈등을 많이 표현했다. 지구상 어디서나 삶은 녹록지 않은가 보다.

나중에는 모두 모여서 자기가 스스로 새로 발견한 점을 돌아가며 얘기하라길래, 사람들이 새나 동물 사진을 많이 넣었는데 나는 그런데 전혀 관심이 없었다는 걸 발견했다고 말했다. 그러자 지난주 스타벅스에서 있었던 일이 생각났다. 카운터 가까이에 앉아 있는데 한 젊은이가 개를 끌고 들어왔다. 제법 큰 개였는데, 주인이 주문하는 동안 앉아 있는 나를 자꾸 핥기에 뭐라 했더니 자기 개를 잠깐 끌어당겼다. 그런데 다시 와서 핥기에 개 좀 치워달라고 했더니, 얘가 나가면서 '우리 미국인들은 개를 사랑한다,'고 하는 게 아닌가. 와, 열 받아서, 이미 훌쩍 떠난 놈에게 따라 나가 뭐라 할 수도 없고 옆의 직원에게 내가 남의 개 핥는 거까지 사랑해야 하냐며 툴툴거렸다.

어쨌거나 점심을 정말 맛있게 먹고 ㅡ 지중해식 레스토랑에서 배달시킨 거라는데 ㅡ 이번에는 네 명씩 그룹을 지어 자기의 요즈음 감정을 나누는 시간이 있었다. 집주인 제인이 남친에 대해서 이야기했다. 자기는 최대한 그 남자를 방해하지 않으려 거리를 조절해 가며 대하는데 상대방은 계속 자기에게 선을 긋는 것 같다며 너무 마음이 아프다고 했다. 순간, 내 촉은 혹시 그 남자, 나이 차 많이 나는 훨씬 젊은 사람은 아닐까, 하는 상상으로 이어졌다. 70살이 넘으면 서로 자주 보고 가까이 있는 걸 선호하지 않을까. 여친이 가지고 있는 경제적 여유는 즐기면서 거리는 두려고 하는? 어쨌거나 남의 나라에 와서도 연인들의 이야기는 흥미롭다.

내 차례가 되어, 요새 우리 가족은 나 없이도 잘 사니까 한국 가짜 뉴스랑 언론 땜에 화나는 이야기를 했다. 대학교 때 사복 경찰이 애들 패면서 잡아가던 얘기부터 촛불혁명까지 우리의 민주주의 역사도 언급했다. 나중에 사람들 말이, 내가 촛불혁명 얘기할 때 표정이 너무 빛나고 자랑스러워하는 것 같더라나. 하하, 거기 여러 번 나갔었지요~~

서른 살쯤 되어 보이는 미셸은 자율주행차를 만드는 회사에 다닌단다. 월세가 비싸서 방 두 개짜리 아파트를 다른 커플과 공유한다고. 미국 아파트는 거실이 넓긴 하지만 월세가 600만 원, 절반이면 300만 원. 남편이랑 절반씩 내도 150만 원씩. 싼 데로 옮기면 시설도 안 좋겠지만 무엇보다 안전이 문제란다. 사람 사는 건 다 똑같은 게, 미셀도 새 도시에 와서 사람을 사귀며 살아가는 모든 게 쉽지 않다고 한다.

또 한 사람은 70세는 넘어 보이는데 40살 넘은 아들이 유럽에 가서 뭘 하다가 실패하고 자기 집으로 들어온 얘기를 했다. 월세가 높으니 내보낼 수도 없고, 게다가 아들이 심리적으로 위축되어 있고 건강도 안 좋아서 자기가 계속 직장을 다녀야 한다고, 이제는 좀 은퇴하고 쉬고 싶었는데 그럴 수가 없다며 눈물을 글썽였다. 그래도 미국은 정년 제한이 없어서 좋긴 하다는 생각이 들긴 했다.

내가 미국인들은 독립심이 강해서 키워놓으면 부모가 신경 안 써도 되는 줄 알았다고 했더니, 거기 있던 엄마들 모두가 이구동성으로, '한번 엄마는 영원한 엄마'라고 목청을 높인다. 어느 나라나 부모가 된다는 건 평생 벗어날 수 없는 속박인 듯. 법륜 스님이야 스무 살 넘으면 부모는 손 떼라고 하지만 그게 그렇게 쉽냐고요~~

오랜만에 여성들만 모여서 얘기하니까 또 다른 즐거움과 성찰을 경험한 것 같다. 늙을수록 새로운 친구를 많이 만나야 한다는 말을 실감한다.

18 슬기로운 문화생활

 버클리시티칼리지는 전문대학 비슷한 데라 학비는 우리나라 대학 수준인데 집세와 생활비가 꽤 든다. 지금의 생활이 내 연금으로는 좀 부족하지만, 까짓것, 이담에 이 년쯤 더 살고 죽으면 되지, 이러고 살아간다. 이번 학기에는 마침 우리 딸이 휴학하고 한국에 가게 되어 얘가 쓰던 샌프란시스코의 스튜디오로 들어왔다. 이 방은 건물의 안쪽에서 꺾어지는 부분에 위치해서 방의 두 면에 창이 있고 밝고 환하다. 창밖으로는 호텔의 뒷부분이 보이는데 약간의 공간이 있고 나무도 살짝 몇 그루 있다.

 가끔 나무가 보이는 바깥을 내다보며 상념에 잠길 수 있는 시간이 내겐 아주 소중하다. 전철역도 가깝고 안전하고 홈리스도 거의 없다. 여기서 두 블록만 내려가면 집세가 많이 내려가는데, 문제는 안전하지 않다는 거다. 좀 더 내려가면 샌프란시스코의 우범지대인 '텐더로인'이 있는데 밤에는 절대 가지 말아야 할 곳이다. 폭행, 강도, 마약

등이 흔하고, 때로는 총기 범죄도 발생한다.

생활비가 많이 들면 아무래도 아끼게 되는 건 문화비이다. 그런데 시내에 살면서 살펴보니 문화비를 크게 안 들이고도 즐길 것이 많다. 우선 근처에 저렴하게 문화적인 욕구를 채워주는 곳이 많다. 내가 사는 곳에서 위로 두 블록 올라가면 미국에서 세 번째로 큰 '그레이스성당'이라는 고풍스러운 성당이 있는데 가끔 여기서 강연회나 연주회가 열린다. 얼마 전에는 세계적인 오르간 연주자가 공연을 했는데 이 성당의 오르간은 미국을 대표하는 오르간 중 하나로 손꼽힌다. 공연은 무료인데 10달러 정도를 기부하면 좋다는 공지가 붙어있어, 모금함에 10달러를 넣고 장엄하고 아름다운 선율에 취해보기도 했다. 목요일 저녁에는 음악 미사가 있어서 소년들이 주축이 된 합창을 들을 수도 있다. 이국의 성스러운 곳에서 조용한 시간을 보내고 나면 명상을 하고 난 듯 마음이 평화롭다.

또 한 곳, 집에서 십오 분쯤 걸어가면 샌프란시스코에서 가장 오래된 개신교 교회인 'Old First Church'라는 곳이 있는데 여기서도 일요일에 연주회가 자주 열린다. 입장료가 30달러쯤 하는데 학생은 단돈 5달러란다. 게다가 카드에 도장을 찍어서 열 번 들으면 한번은 공짜, 으흐흐 60대 중반에 학생 우대받는 게 아주 흐뭇하다. 얼마 전에는 나효신이라는 한국계 작곡가의 음악회가 있었는데, 동양과 서양의 악기가 혼합된 곡들이 인상적이었다. 연주회 중간 인터미션에는 으레 치즈와 쿠키, 음료 등을 제공하는데 이날은 끝나고 김밥을 비롯해 한국 음식을 마련해주었다. 알고 보니 캘리포니아에 살고있는 이대 동문들이 마련한 것이란다. 그들과 식사하며 이런저런 대화를 즐겁게 하고 왔다.

그래도 이 샌프란시스코라는 도시에서 최고 수준의 공연도 가끔 즐긴다. 우리나라와는 다르게 이곳은 좌석에 따라 표의 등급이 여럿이고 인터넷에 할인 티켓도 많이 나돈다. 지난 학기에는 음악 과목 과제로 데이비스홀로 클래식 연주회도 갔었고 얼마 전에는 오르페움 극장(Orpheum Theater)에서 최근 핫한 뮤지컬 'Hamilton'도 관람했다. 이 뮤지컬은 미국의 2대 대통령 해밀턴의 이야기인데 특이한 것은 모든 음악이 랩으로 되어있다는 것이다. 한국에 있을 때 '차이나는 클라스'라는 프로에서 뮤지컬배우 카이가 이 공연을 뉴욕에서 별로 좋지 않은 좌석인데도 칠십만 원을 주고 관람했는데 최고 좌석은 이삼백만 원이었다는 말을 한 적이 있다. 이삼 년 지났지만 그래도 칠만 원 정도의 가격을 인터넷에서 보고 얼른 예매했다. 스무 번째 줄이라서 좀 멀긴 했지만 그래도 그게 어디냐 싶었다. 랩이라서 미국 사람들도 다 못 알아듣는다고 하기에 미리 내용을 자세히 읽고 나서 보러 갔다. 대충 줄거리만 따라가며 들었지만 재미있고 독특한 경험이었다. 특히 배우들의 인종이나 피부색과 상관없이 배역을 정한 게 신기했다. 요즈음 추세인 것 같지만 왠지 그 당시의 고위층 역을 흑인이

하는 게 좀 어색한 감도 있었다. 어쨌거나 이 뮤지컬은 우리나라에서 번역해 공연하긴 어려울 듯하니 이런 경험이 귀하게 느껴졌다. 이 극장에서는 일요일 열두 시엔가는 그날 저녁 공연의 할인 티켓을 판다고 한다. 나중에 이것도 한번 사보려 한다.

이번 학기에는 서양미술사를 듣는데 같이 듣는 인도 학생이 미술관마다 등급이 높은 유료회원이어서 표를 공짜로 보내 준다. 호주에서는 '가장 행복한 사람은 요트를 가진 친구를 둔 사람'이라는 말이 있는데, 삼사 만 원씩 하는 미술관 표를 공짜로 보내 주는 친구가 있는 나도 꽤 행복한 사람인 듯.

어쩌면 공연이나 전시회가 아니어도 새로운 도시에서 돌아다니는 것 자체가 문화생활일지도 모른다. 어제는 그레이스성당 주변을 산책하다가 페어몬트호텔을 발견했다. 만국기가 걸려 있기에 뭔가 하고 지키는 가드에게 물어보니 호텔인데, 예전에는 유엔 관련 사무소였단다. 그래서 만국기가 있었네, 하고 안으로 들어가니 아주 고급스럽고 공연장도 있다. 지하에는 '통가'라는 독특한 레스토랑도 있었다. 남태평양에 통가라는 섬나라가 있는데(그 나라 사람들은 '통와'라고 발음한다), 그 나라 기분 낸다고 가운데에 물 위에 배도 띄워 놓고 위에서 물도 뿌린단다. 그냥 구경만 해도 되냐고 했더니 좋다고 해서 둘러보고 나왔다.

오래전 기억을 떠올린다. 스물여덟 살에 뉴질랜드에서 교사 연수를 한 적이 있는데, 그때 통가에서 온 남자 교사가 있었다. 통가라는 나라는 그때 인구가 9만쯤이라고 했다. 어느 날 기숙사에서 인터내셔널 파티를 하는데 어떤 여학생이랑 남학생이 껴안고 키스하니까 눈이 휘둥그레지며 어떻게 저럴 수 있냐고, 자기네 나라에선 상상도 못 한다고 고개를 절레절레 흔들던 일이 떠오른다. 하하, 거의 사십 년 전 일인데, 그 나라도 이젠 많이 달라졌을까?

이런저런 감상에 젖으며 홀로 이국의 거리를 걷는 일은 사람을 성찰적으로 만든다. 걷다가, 아니면 집에서 쉬다가도 훌쩍 밖으로 나와 작은 카페나 레스토랑에 들어간다. 집을 나서면 건너편 길모퉁이에 그리 크지 않은 이탈리아 식당이 있다. 피자 한 조각, 때로는 꼬치에 끼워져 빙빙 돌아가고 있는 닭에서 다리 한 조각을 시켜 맥주와 곁들이면서 이국의 밤거리를 내다본다. 집은 건너편에 있고 마음은 안락하고 안전하다. 완전히 홀로인 상태, 고독하나 외롭지는 않은 삶. 60대의 청춘에게 주어진 이런 시간을 사랑하며 감사한다.

19 퍼블릭 스피킹

　두 번째 학기에는 영화입문, 사회학, 현대미술사, 이 세 과목을 먼저 골랐다. 나머지 한 개는 내가 눈이 피곤하니 책을 덜 읽으며 들을 수 있는 과목이 없나 했더니 주변에서 '퍼블릭 스피킹'이라는 과목을 권했다. 사람들 앞에서 말하는 훈련을 하는 거라니 재밌을 듯했다.
　저녁 여섯 시에 시작하는 강의였는데 교수는 스페인계 여자로 서글서글한 듯하다. 첫 시간에 배운 단어는 글로소포비아(glossophobia)라는 말인데, 사람들 앞에서 말하거나 발표하는 것에 대한 강한 두려움, 공포증을 가리키는 말이란다. 30여 명 되는 학생들에게 이런 증상 있는 사람 손들라니까 대부분이 손을 든다. 어라, 나는 선생을 시작하기 전에도 그런 건 없었는데, 사람들이 그렇게 겁을 내는구나, 싶었다.
　실용적인 과목인 데다 저녁에 하니까 직장인이 많아 구성원이 다양해 보였다. 첫날은 자기소개 간단히 하고 나서 강의가 짧게 이어졌는데, 발표할 때 사람들에게 눈 맞추는 방법 등에 관한 거였다. 그리고 다음 주에 발표할 주제를 숙제로 내주었는데, 자기가 가장 아끼는 걸 가져와서 보여주며 5분 동안 소개하란다. 생활에 꼭 필요한 것만 싸 들고 온 유학생에게 뭘 가져오라는 거야?, 하다가 내가 쓴 책, '아빠는 내 친구'가 한 권 있길래 그걸로 하기로 했다.

그다음 주, 내 차례가 되어서 책을 보여주며 얘기했다. 우리 딸이 중학교에 적응 못해서 미국의 지인 집으로 보냈다. 어린 딸을 혼자 보내고 나니 마음이 짠하고 걱정스러워, 딸에게 힐링이 될까 해서 어려서 아빠가 놀아주던 이야기를 매주 하나씩 써서 이메일로 보냈는데 그게 책이 되어 나왔다. 학생들이 관심을 보였고 반응이 좋았다.

발표가 끝나면 교수가 간단히 평을 하고 학생들은 들으면서 메모한 쪽지를 발표자에게 건네는 식으로 진행됐다. 그리고 그 쪽지를 다 읽고 나서 발표에 대한 자기 소감을 써내는 게 숙제였다.

교수의 평가는 좋은 편이었다. 내가 사람들 얼굴을 잘 돌아보면서 명료하게 발표를 잘했다고 했다. 집에 와서 쪽지를 읽어보니, 감동적이다, 내용이 좋다 등등이 많았다. 단지 두어 명이 내가 자꾸 '어, 어' 하는 소리를 내는 걸 고쳤으면 한다고 했다. 그래서 자기평가를 쓸 때 그 얘기를 언급했다.

'어, 어'하는 소리가 나오는 건 두 가지 이유가 있다. 첫째는 나이가 드니 단어가 잘 떠오르지 않아서 점점 그렇게 된다. (사실 남편이 '제발,

그거 그거 하지 말고 명사를 말하라,'고 할 때가 많다.) 또 하나는 아무래도 외국어니까 말하다 보면 머뭇거리게 되는 것 같다. 그런데 이걸 고치기는 매우 어려울 것 같다는 말까지 덧붙이고 숙제를 끝냈다. 뭐, 어쩔 거야, 사실인데, 다들 나이 들어보라고, 이런 마음으로. ㅎㅎ

다른 학생들의 발표도 재밌는 게 많았는데 특히 기억에 남는 얘기가 두 가지 있었다. 남미에서 온 한 학생은 미국에 입국해서 난민수용소에서 심사를 기다리는 동안 쫓겨날까 불안할 때면 엄마에게서 물려받은 목걸이를 손에 꼭 쥐고 기도했다고 했다. 또 한 학생은 20대로 보이는 흑인 여성이었는데 굉장히 매력적으로 생겼고 웃는 모습이 예뻤다. 그런데 20년 형을 받고 복역하다가 가석방으로 몇 년만에 나왔다고 했다. 보호관찰을 받고 있는 중이라고 했던 것 같다. 감옥에서 나와서 버스를 타고 오다가 처음 산 가방이라며 숄더백을 가져왔다. 쉬는 시간에 우연히 말을 걸었는데 여섯 살 자기 아들 사진을 보여주며 웃는다. 저렇게 상냥하고 예쁜 얼굴에 도대체 무슨 죄를 지었길래, 물어볼 수도 없고. 그런데 한 달쯤 후부터 학교에 나오지 않아서 무슨 일이 있었는지는 알 수가 없다.

수업을 시작할 때면 서너 명씩 그룹을 짜서 지난주에 있었던 일을 돌아가면서 잠깐씩 얘기하는데 이런 것도 재미있었다. 사람들의 다양한 사연을 수다 떨며 듣는 게 공부이니 할 만하지 않은가.

그러다 한번은 요리 만드는 법을 설명하라는 과제를 한 적도 있다.

너댓 명씩 그룹을 지었는데, 교수가 나눠주는 종이에는 요리 이름과 사진이 있었다. 내 옆에 늘 앉는 샘이라는 애가 있는데 얘가 한국에 관심이 많아서 내게 이것저것 물어보다 보니 친해졌다. 자기가 작년에 한국 식당에서 알바를 했는데 처음에는 접시 닦다가 나중에는 떡볶이도 만들었단다. 그러다 보니 한 팀이 되었다.

우리 팀은 '파에야'라는 스페인 요리를 맡았는데, 팀에 재밌는 애들이 있어서 즐겁게 했다. 이번 과제에는 사람들의 관심을 집중시킬 수 있는 것(attention getter)을 활용해야 한다는 명령이 있었다. 의논하는 중에 샘이 나보고 처음에 시작을 한국말로 해서 이게 뭔가, 하고 집중시키게 하잔다.

그래서 뛰어나가면서, 한국어로 "여러분, 안녕하세요. 오늘 우리는 스페인 요리 파에야 만드는 걸 배울 거에요," 하면서 사람들의 이목을 끈 다음, "자, 우리 영어 관객을 위해서," 이러면서 영어로 말해주었다. 그런대로 효과가 있었다. 그리고 마침 요리시인 학생이 펜이랑 칼을 가지고 와서 시범을 보이는 동안, 한 학생이 칠판에 그림을 재밌게 그렸다. 끝날 때도 역시 내가 나가서 한국말로, "재밌었나요? 이제 집에 가서 한번 만들어 보고 싶지 않나요?" 하고는 다시 영어로 말하면서, "예~~" 하고 호응을 유도했다. 모두 즐겼고 평가도 좋았다.

우리뿐 아니라 다른 팀도 창의적으로 잘했다. 멕시코 음식인 '세비체'라는 걸 발표한 팀은 아예 음식을 만들어 왔다. 불에 요리하는 게 아니고 야채와 삶은 새우를 넣어 샐러드처럼 만든 거였다. 테이블에 음식을 놓아두고 둘러앉아 세비체의 역사며 요리법에 관한 대화를 나누는데 아주 참신해 보였다. 발표가 끝나고 나자 먹을 사람은 나와서 먹으라고 한다. 얇은 나초 비스킷에 세비체를 얹어서 먹으니 아주 맛있었다. 오늘따라 저녁을 못 먹고 가서 배고플 뻔했는데 요기가 잘 되었다. 또 한 팀은 티비에서 하는 요리 프로그램을 모방해서 했는데 이것도 괜찮았다.

그 외에도 정보를 주는 스피치, 설득을 하는 스피치, 등등을 그룹으로 발표했고, 그런대로 잘 흘러갔던 것 같다. 특히 학생들을 통해 그들의 경험을 듣는 게 재밌었다. 각자 인생 스토리가 다양해서 내가 몰랐던 여러 사회정치적 문제를 생각해보는 계기도 되었다. 서로에 대해 많이 알게 되니 시간이 지나면서 만날 때마다 더 반가워지는 것 같았다.

밤늦게 수업이 끝나고 서둘러 전철역으로 돌진할 때면 가끔, 샘이랑 친구들이 뒤에서 'Good bye, Han' 하는 소리에 뒤돌아보는 게 정겹고 좋았다. (내 이름을 발음하기 어려워하는 애들에게는 그냥 성을 부르게 한다. 스타벅스에서도 마찬가지, 주문하면 이름을 묻고 컵에다 쓴다. 그럴 때 Kyungshin은 너무 어렵다. Han, 깔끔하고 좋다) 한 해가 가면서 나는 친구가 늘고 영어도 늘어간다.

20 서양미술사 강의

 미술과 관련한 내 가장 오랜 기억은 국민학교 1학년 때, 그 당시는 갱지로 된 긴 노트가 있었는데, 그거를 세 번 접어서 여덟 칸을 만들고 크레용으로 한 칸씩 색칠했다. 내 짝을 보면 분홍색, 파란색으로 칸칸이 곱게 색칠했다. '나도 얘처럼 해야지,' 하고 맘을 먹는데도 하다 보면 칠하는 강도가 제각각이고 가로로 칠하다가 어느새 크레용이 세로로 막 움직이고 그랬다. 선생님은 내 짝에게 항상 최고 등급인 동그라미 다섯 개를 그려 주셨는데 내게는 늘 세 개만 주셨다. 어려서부터 소질이 없다 보니 중고등학교를 지나면서도 미술 자체에 크게 관심이 없었다.
 그런데 사람은 정말로 성장하고 변화하는 존재, 오십이 넘어가면서 서서히 그림이 좋아지기 시작했다. 전시회도 가기 시작했고 그림을 보고 나오면 마치 명상을 하고 난 것 같고 숲속을 오래 걷고 난 듯한 느낌도 들었다. 여기 와서 첫 학기에 음악 수업을 듣고 나니까 이번에는 미술을 공부하고 싶어졌는데, 마침 '서양미술사'가 있어서 신청했다.

담당 교수는 한 40대 정도 되어 보이는 흑인 여성인데 아주 지적이며 매력적으로 생겼고 날씬한 몸매에 항상 깔끔한 수트를 예쁘게 차려입고 왔다. 야무지고 똘똘하다는 느낌이 들었다. 강의 중에 학생들의 의견을 물을 때면 눈을 반짝이며 무슨 얘기가 나올까 기대하는 그런 표정이 참 좋았다. 그리고 수업이 끝날 때마다, 여러분들의 의견을 들으면 내가 생각이 참 확장되는 것 같아요, 하며 고마워했다. 수업 내용이 알차고 밀도 있어서, 집중하면서 필기도 열심히 해야 했다.

첫 시험 준비를 하는데 7, 8주 동안 세 시간씩 공부한 거라 의외로 내용이 많았다. 게다가 그림은 왜 그리 많은지, 책 찾으며 살펴보는 데 시간이 좀 걸린다. 이틀간 수업 끝나고 학교에서 두 시간, 집에 와서 두 시간씩 하고 나니 진이 빠졌다. B를 받든 C를 받든 상관없건만, 그래도 시험 범위를 한번 훑고 가는 건 시험에 대한 예의인 듯해서. 웃긴다, 이 나이에 뭔 짓을 하는 거여?

전철이 고장 나든 뭐든 일체 사정을 안 봐준다고, 한 시 반 정각에 슬라이드 띄우고 시험 시작한대서 일찌감치 나갔다. 까짓것 그런 일 생기면 생기는 거지 할 수도 있지만, 혹시 내가 맘 변해서 준학사 학위라도 받겠다고 할지도 모르니까. 객관식이 무려 40개에 주관식도 스무 개쯤 되었다. 급하게 머릿속에 욱여넣었지만 내 머리가 아직 살아있네, 할 정도는 본 것 같다.

시험 외에도 에세이 세 개가 있었다. 두 개는 수업과 관련해서 교수가 제시하는 그림 중에서 하나씩 골라 분석을 하는 거였고 세 번째는 어느 미술관이든지 가서 스스로 그림 하나를 골라서 좀 길게 쓰는 것이었다.

이제부터는 미술관 탐방의 시작이다. 수업을 함께 듣는 샤키카라는 인도 여자애가 있다. UC버클리에서 심리학과 철학을 전공했는데, 미술 관련 사업을 하고 싶어 여기서 강의를 몇 개 듣고 있다. 여러 미술관에 유료회원이라서 표를 여러 장 남에게 줄 수 있단다. 덕분에 여러 번 표를 받아 공짜로 다녔다.

일단 드영뮤지엄(de Young Museum)부터 갔는데, 과학박물관 건너편에 있었다. 이 층으로 되어 있는데 주로 미국 작품들이고, 달리, 피카소, 모델리아니의 그림이 한두 개씩 있었다. 그런데 이 티켓으로 3마일 떨어져 있는 리전오브아너(Legion of Honor) 뮤지엄도 공짜로 볼 수 있단다. 그래서 그건 토요일에 가는 거로 표를 받아 왔다.

드영뮤지엄은 건물이 독특하면서도 멋있다. 죽기 전에 보아야 할 건축 101선에 올라있다고 한다. 바깥에 있는 해몬타워 9층에 올라가니 사방이 통유리로 된 전망대에서 샌프란시스코를 환하게 내다 볼 수 있어서 멋있었다. 그곳은 골든게이트파크 안에 있어서 끝나고 로

즈가든 근처를 둘러보았다. 아름드리 나무들이 있는 숲도 있고 좀 더 걸으면 비치도 있다고 한다.

토요일에는 리존오브아너 뮤지엄에 갔다. 도착해보니 멀리 바다가 바라보이는 고풍스런 건물인데, 바깥쪽으로 로댕의 생각하는 사람도 보인다. 여기는 유럽 미술품들이 많단다. 게다가 '제임스 티소' 특별전을 하는데 이것도 공짜다. 학생도 무려 19달러인데.

여기선 자원봉사하는 도슨트들이 나이 든 분들이 많은데, 도슨트를 하려면 2년간 교육을 받아야 한단다. 분석할 작품을 고르기 위해 네 시간 넘게 세 명의 도슨트를 따라다니다 보니 많이 지친다. 그래도 중간에 85세 엄마랑 함께 온 전직 초등학교 선생님을 만나 재밌게 이야기하며 다녔다. 요즈음은 나라 덕을 많이 본다. 한국에서 왔다고 하면 사람들이 이것저것 물으며 호의적이다.

토요일이라 오르간 연주회가 열리고 있었는데, 그저 쉬고 싶은 마음에 음악을 뒤로하고 나왔다. 우버를 타려니까 저녁 시간이라고 이만 원이나 해서, 귀찮지만 버스를 갈아타고 내려서 또 걸으며 집에 왔다. 못 말리는 길치인 내가 그래도 시간이 지남에 따라 거리며 노선이며 익숙해지니까 좋다. 이제는 시간 날 때 돌아다닐 곳이 많아졌다.

며칠 후 역시 샤키카가 준 공짜 표로 샌프란시스코 현대박물관(MOMA)에 갔다. 도슨트 설명을 듣고 두 시간쯤 둘러보았다. 현대 작품들은 분석하기가 좀 힘에 부칠 것 같아서 결국은 그전 주에 본 제임스 티소의 작품을 고르기로 했다. 작품 제목은 'La Partie Carre (네 사람의 파티)'인데, 마네의 작품인 'Dejeuner sur l'Herbe(풀밭 위의 식사)'에서 구도와 내용을 따온 작품이어서 비교하기가 쉬울 것 같아서였다. 어쩌냐, 쉽게 가자!

다음날 수업 없는 목요일, 무려 열두 시간을 잤다. 지난 두 주간 시험 보고 미술관도 세 군데나 돌아다녔으니. 모르는 사람들을 만나 영어로 떠들고 하는 게 사실 에너지가 많이 드는 일이다. 나는 사람들과의 관계도 잘하고 대범할 때도 많은데 두뇌 깊은 곳 어딘가에선 아직 여과되지 않은 것들이 남아 있어 피로감이 심한 것 같다. 심금이라는 말처럼 내 무의식에는 아주 섬세하고 가는 줄이 늘 엷게 떨리고 있는 듯. 쉽게 없어지지 않고 감정의 안쪽을 늘 서성거리는 잔물결들이 많다. 예전에는 나는 왜 더 대범하지 못할까, 아쉬워했는데, 나이 들면서는 언제부턴가 이게 바로 나야, 그래서 남들이 느끼지 않는 것도 섬세하게 느끼고 글도 쓰는 거지, 하면서 나를 있는 그대로 받아들이기로 했다. 그리고 무조건 많이 쉬고 자면 되니까, 방학 때 푹푹 쉬면서 살아도 되는 직업을 가졌던 상황에 감사하기로 했다.

이렇게 바쁘다가 늘어졌다가 하는 사이에 한 학기가 갔다. 하루는 수업 후에 뮤지엄 티켓을 보내준 샤키카에게 케익과 차를 사주며 한 시간쯤 얘기했다. 오빠가 작년까지 버클리에서 공부하다가 뉴욕에서 대학원을 다닌단다. 가난한 나라 인도에서 태어나도 유복한 애들은 이렇게 훨훨 날아다니는구나, 싶다. 귀엽고 똑똑하고 잘 자란 티가 난다. 소박한 답례인데도 몇 번이나 엄청 고마워한다. 하하, 표는 받아도 나 같이 뭘 사주는 사람이 별로 없었나 보다.

학기가 끝나고 나니 정말 많이 배웠다는 생각이 들었다. 이제는 미술관에 가면 시대별, 미술사조별 배경지식을 가지고 작품을 볼 수 있을 것 같아 뿌듯하다. 두 번째 시험에서는 뒷부분에 교수에게 하고 싶은 말을 적는 게 있었다. 그래서 내용이 충실하고 강의가 잘 조직되어있고 특히 교수가 설명할 때의 열정에 감탄한다, 자기가 알고 있는 걸 학생들에게 전달하는 걸 즐기는 사람들을 나는 존경한다, 이런 식으로 극찬을 써서 냈다.

좋은 친구들을 만나는 것도 좋지만 존경할 만한 사람을 만나는 것도 축복이다. 이 세상에서 내게 남은 시간은 점점 줄어갈 텐데 이왕이면 훌륭한 사람들을 많이 보고 사는 게 좋지 않겠는가.

21 사회학 2 - 범죄와 일탈(crime and deviance)

이번 학기에는 지난 학기에 죽음학 강의를 했던 교수의 또 다른 사회학 강의를 신청했다. 서양미술사 교수처럼 한번 들으면 계속 따라다니며 강의를 듣는 학생들이 많다. 이 교수가 아니었으면 제목만 보고 선뜻 강의를 선택하지는 않았을 것 같다.

일탈은 사회학에서 사회적 규범을 위반하는 행동이나 행위를 의미한다. 그런데 문화에 따라 일탈로 규정하는 내용이 다르고 또 시간이 지남에 따라 일탈로 보이던 행동이 더 이상 일탈이 아니게 되는 경우도 충분히 존재한다. 교수는 미국에서 예전에는 초등학교 교사가 성소수자이면 일탈로 보았지만 지금은 그렇지 않다는 걸 예로 들었는데, 우리나라에서는 여성 흡연에 관한 경우가 이에 해당되지 않나 싶다.

이 과목은 강의와 함께 두 권의 책을 읽었는데 첫 번째는 '57번 버스(The 57 Bus)'라는 제목의 책이었다. 이 책은 2013년에 캘리포니아의 오클랜드라는 지역에서 일어난 사건을 바탕으로 청소년 범죄와 사회적 편견, 차별 문제 등을 다루고 있다.

오클랜드는 미국에서 범죄율이 최상위에 이르는 도시인데 57번 버스는 오클랜드를 가로지르면서 성격이 전혀 다른 두 지역을 지난다. 사샤가 사는 중산층 백인 거주지와 리처드가 사는 저소득층 동네로 강도, 폭행, 차량강탈 등이 만연한 곳이다.

사샤는 아스퍼거 증후군을 가지고 있으며 에이젠더(agender, 자신이 어느 성별에도 속하지 않는다고 느끼는 사람)인 남자 고등학생이다. 그래도 사샤의 부모님은 그의 이런 모습을 그대로 인정하고 이해하려 한다. 리처드는 열악한 환경에서 자란, ADHD가 의심되는 장난꾸러기 학생으로 그의 엄마는 열다섯 살에 리처드를 낳았지만 그래도 열심히 일해서 생계를 유지하는 사람이다.

어느 날 57번 버스 안에서 사샤가 치마를 입었다는 이유로 리처드가 사샤의 옷에 불을 붙이고 달아나는 사건이 발생한다. 그 일로 사샤는 다리에 심각한 화상을 입었고 리처드는 즉각 구속된다.

리처드는 중상해죄와 혐오죄 등으로 기소가 되었는데, 특히 인종이나 성별, 성정체성 등에 관한 혐오죄는 특정범죄로 규정되어 미국 일부 주에서는 이런 경우 나이와 상관없이 성인으로 기소할 수가 있다. 리처드는 15살이지만 성인으로 기소되면 성인 교도소로 가서 종신형을 받을 수도 있단다. 이에 리처드의 가족은 그가 청소년 사법제도 내에서 처벌받고 사회 복귀를 위한 재활교육을 받을 수 있게 해달라고 탄원하고, 사샤의 가족 역시 이를 돕는다.

이 책에는 리처드가 최종적으로 어떤 판결을 받았는지는 나와 있지 않다. 사회적으로 떠들썩했던 사건이라 개인의 신상정보는 공개할 수 없다고 한다. 그래도 독자들은 리처드가 성인 교도소까지 가진 않았기를 바라고 있다.

우리나라에서는 아직도 차별금지법에 대해 반대가 많고 성소수자에 대한 심한 혐오 발언이 여과 없이 쏟아지고 있는데 미국에서는 혐오나 차별에 관한 법이 이토록 엄격하다는 것이 놀라웠다. 사회가 변하는 게 나 한 사람의 힘으로 되는 것도 아니고 결국은 수의 문제가 아닌가 싶다. 숫자가 늘어나면 결국 바뀔 수밖에 없는 것, 그래서 기다림도 필요한 것, 그것이 제도이고 법일 것이다.

열심히 책 읽고 강의 듣던 어느 날, 중간시험 직전인데 교수가 이틀 후에 수술받고 일주일 정도를 휴강할 거라고 말한다. 간에 종양이 생겼는데 갑자기 커져 버려 당장 수술해야 한단다. 내가 좋아하는 교수인데, 무려 네 아이의 엄마인데, 안 깨어날 수도 있다니…

그다음 날은 시험 범위를 복습하며 질문도 하는 날인데 여기에 참석하면 추가 점수도 준다. 그 이틀날이 수술이라서 걱정이 되어 카드를 한 장 샀다. 내가 몇 마디 쓰고 학생들에게 쭉 돌리려 했는데 아쉽게도 나 포함 세 명밖에 안 왔다. 그래도 마음을 전했으니 되었다.

열흘쯤 후에 돌아온 교수는 다행히 생각보다 건강해 보이는데, 마취 후에 한쪽 귀가 일시적으로 안 들린다고 한다. 수업 끝나고 튜터링 시간이 있어서 가서 의문 나는 거 물어보고 왔다. 가끔 강의 중에 전혀 배경을 모르는 게 나오면 내용 전체를 놓칠 때가 있다. 갑자기 리스테린이 어쩌고 하니까 뭔가 했는데 물어보니, 리스테린이라는 구강 청결제가 있는데 리스터라는 의사의 이름을 딴 거란다. 파스퇴르의 세균설을 바탕으로 방부법을 개발하여 수술의 안전성을 높인, 현대 외과수술의 아버지로 불리는 사람이란다. 알고 나서 집에 와 보니 욕실에 작년에 우리 딸이 사 놓은 게 바로 리스테린이었다.

교수는 건강해져서 수업은 여전히 재미있었고 두 번째로 읽은 책은 '존스타운 대규모 자살 사건'에 관한 것이었다. 미국인 900명이 짐 존스라는 목사에게 속아 남미의 기아나로 이주해서 집단자살을 하기까지, 당시의 사회 상황과 흑인들의 처지와 무지, 등등이 결합된 사건이다. 우리나라에서도 비슷한 오대양 사건이 있었던 걸로 기억한다. 폭력과 불안에 떨면서 짐 존스에게 의존했던 흑인들은 그렇다 쳐도, 인간의 불평등을 해소할 거라는 믿음에 함께 참가했던 백인 인텔리들은 그렇게도 짐 존스의 본색을 파악하지 못했을까 안타깝기도 했다. 하긴 우리도 이런 사이비종교에 참여하는 지식인들 많이 있지.

마지막 시험 전에 모르는 것에 대해 한 시간 동안 질문하는 시간이었는데 여덟 명쯤 왔다. 개념이 불분명한 게 있어서 질문하고 나니 머릿속이 깔끔해져서 좋다. 끝나고 나오는데 파키스탄에서 온 아줌마가 시간 있으면 자기 좀 가르쳐달란다. 사십 대 중반쯤 되는데 이십 년 전에 결혼해서 미국 와서 살다가 애들이 좀 크고 나니 공부가 하고 싶어 대학에 왔단다. 말은 잘하는데 공부는 좀 힘들어한다.

  도서관에 학생들이 그룹스터디 하는 방이 있어서 거기 가서 설명을 시작했다. 객관식 시험 말고 쓰기 시험은 미리 열 개 정도의 예상 질문을 주는데, 미리 써보고 가도 시험날 받은 질문 다섯 개 작성에 족히 한 시간은 걸린다. 이거 열 개를 일일이 설명해주는데 이해를 못 하면 다시 설명하고 그러다 보니까 두 시간도 더 걸렸다. 엄청 피곤하긴 했지만 나도 복습이 다 되어서 시험 전에 한 시간만 살펴보면 될 것 같다.

  이렇게 또 한 학기가 가고 나는 어쩌다 보니 여기 와서 선생 역할도 하면서 지낸다. 이 나라 저 나라 다니면서 복을 짓는 거지. 재미있다.

22 밖에 나오면 싱글

며칠 전 영화 과목을 들으러 가는데 전철에서 옆에 앉은 남자가 말을 건다. 어느 나라에서 왔느냐, 어쩌고. 사람도 지적이고 점잖아 보이기에 그냥 대화를 주고받았다. 한국에서 왔다니까 '기생충' 보았냐, 그 영화 최고다, 봉준호 감독이 사회의식이 있다, 그러다가 나보고 뭘 하고 있냐고 묻기에 공부하고 있다고 대답했다. 그러니까 가족은 어디 있냐, 물어서 한국에 남편 있고 어쩌고, 당신은 뭐하냐, 그랬더니 보건 관련 정부 기관에서 일한다며 명함을 준다.

음, 전문직이네, 싶어서 얘기가 잘 진행되던 중에 이 사람이 내게, 당신은 결혼해서 남편이 있으니까, 혹시 싱글인 한국 여성을 만날 만한 장소나 모임을 알고 있냐고 묻는다. 어라? 그리고 보니 텅텅 자리가 비었는데도 내 옆에 와서 앉은 거였네. 하하, 나는 그런 거 모르니 직접 한국에 가서 알아봐라, 그게 빠르다, 라고 말했다. 그랬더니 혹시라도 주변에 외로운 사람이 있으면 자기가 준 명함을 전해달란다.

나이를 물어보니 나보다 한 살 많았다. 그러겠다고 하고 내렸다. ㅋㅋ 명함은 버리고.

어딜 가나 요즈음은 외로운 사람이 많다. 글쎄, 나도 혼자라면 뭐 심심한데 함께 떠들 친구로 나중에 카페라도 같이 갔을지 모르지. 저녁에 보이스톡 하다가 남편한테 얘기했다. 그 사람 말이, 내가 무지 젊은 줄 알았대, 하니까, 그게 다 나 같은 남편 만나 편하게 살아서 그렇지, 한다. 아이고, 젊어 보이면 뭘 해, 체력은 70대구먼, 하면서 웃었다.

문득 이십 년쯤 전의 일이 떠올랐다. 학교 회식 자리였는데 지금은 이름도 기억 안 나는 교장샘이 말했다. 한 선생은 한번 꼬셔보고 싶은 사람이지. 근데 뭐, 술 취해서 그런 것도 아니었고, 내 책을 읽고 좋았다면서 한 말이어서 그냥 웃고 넘어갔다. 요즘 같으면 성희롱에 걸릴 발언이지만. 그냥 속으로만, 나는 젊은 남자가 꼬시는 게 좋거든요, 그랬다. 그때 그 교장샘 나이가 환갑쯤 되었었나. 나는 사십 넘었었고. 하하, 그때만 해도 젊었다.

집에 와서 남편한테 그 얘기를 했다. 그랬더니 이 사람 하는 말이, 내일 가서 교장한테 말해라, 잘못 꼬셨다가 평생 고생하는 사람 바로 옆에 있다고. 암튼 웃겨요~~ 어찌 보면 그 고생이 이십 년 후에도 이어지고 있다. 나를 미국 보내놨으니. 그런데 남편은 내가 있든 없든 워낙 잘 지내니까 사실 별 걱정할 게 없다. 자기는 독거노인인데 아무도 안 들여다본다나, 이러면서도 잘 돌아다닌다.

　예전부터 나는 집을 나서면 집에 대해선 까맣게 잊는 편이었다. 학교에서 정신없이 바쁘다가 퇴근하면 관성처럼 버스 타고 내려서 집으로 향하면서야, 아, 집에 가면 가족이 있지, 이럴 정도였으니까. 오래전 내 앞의 나이 드신 선생님이, 한 선생은 결혼했나, 아님 싱글인가? 물으시길래, 집에서는 모르겠고 밖에 나오면 무조건 싱글이에요, 대답하며 웃었던 기억이 있다.

　그런데 이제는 황혼에 접어들어, 어차피 우리 모두는 언젠가는 집 안에서든 밖에서든 무조건 싱글이 될 거다. 나나 남편 중에 누가 남아서 싱글이 될지 아무도 모르는데, 배우자 없는 진짜 싱글이 되어도 지금처럼 정신적으로 안정적일까, 그건 잘 모르겠다. 그저 계속 다양한 경험을 하면서 여기저기 친구들을 많이 만들어 놓으면 정말 완전한 싱글일 때도 삶은 덜 심심하고 액티브해지겠지, 희망을 가져 본다. Bravo, my SINGLE life!

23 아시아 컬처 클럽

얼마 전 대만 학생인 스탠리가 자기네 클럽에 오라 해서 가봤더니 '컬처 익스체인지 클럽'을 새로 만드는 거란다. 얘랑은 지난 학기에 철학 강의를 같이 들어서 친해졌는데, 여기 버클리시티칼리지에서 이년 공부하고 나서 UC버클리로 편입할 때 과외활동 경력이 있으면 유리해서란다. 여기 오는 아시아 학생들은 대개 이런 목적으로 온다. 영어 공부도 좀 더 하고 학비가 싸고, 커뮤니티 칼리지 졸업생이 4년제 대학에 진학할 때는 일정 티오가 있어서 오히려 처음부터 4년제 대학에 가는 것보다 편입이 더 쉽다고 한다. 가 보니 7, 8명 정도가 모였는데 대부분 아시아 애들로 서로의 언어도 배우고 음악, 영화 등을 같이 보자고 한다. 머릿수도 채워 줄 겸 마침 심심한데 하겠다고 했다. 내 나이에 누가 불러주는 것만 해도 어디냐, 하면서.

금요일 오후에 하니까 오전에 사회학 강의 듣고 컬처 클럽에 가는 게 일과가 되었다. 그런데 이걸 주도하는 스탠리가 바쁘기도 하겠지만 영 계획성이 없어서 다른 애들도 중구난방, 오다 말다 대충 지낸다. 제시간에 오는 사람은 나 포함 네 명뿐이고 나중에 두세 명이 더 오는 식이다. 원래 언어 등을 배우고 영화도 보고 애니도 보기로 했는데, 발표하는 애도 없고 주먹구구로 대충 지낸다. 회장 보고 계획도 좀 세우고 문자 보내고 하라 해도 별로 달라지는 게 없다.

하루는 내게 한국말을 좀 가르치면 어떠냐고 한다. 지난번에도 잠깐 했었는데 그때는 칠판에다 적으면서 두세 명한테 가르쳤는데 걔네들이 오늘은 오지를 않았다. 새로 또 시작해야 하네, 하면서 유튜브를 찾아보니 영어로 설명하며 한국어 가르치는 사이트가 많이 있다. 그래서 그걸 틀고 내가 칠판에 자음 모음을 써가면서 설명했다. 그러고 나서 연결해서 글자 만드는 걸 가르치는데 특히 베트남 학생 후이가 칠판에 자기 이름을 한글로 써보면서 아주 흐뭇해한다. 애는 컴퓨터 전공이란다. 대충 할 일 없는 금요일 오후 아시아 애들이랑 어울려 다니니까 그런대로 괜찮다. 외국에서 스무 살짜리들하고 나이를 잊은 채 어울리는 게 학교 아니면 가능하겠는가. ㅋㅋ 나도 나이 차를 못 느끼고 얘네들도 그런 것 같다.

지난달에는 컬처 클럽에서 팟락을 하는데, 직접 요리해 갈 수도 없어서 빠리바게트에서 과자를 좀 사갖고 갔다. 전철 역 바로 앞에 있는 빠리바게트는 빵들이 에쁘고 맛있어서 늘 사람이 붐비고 학생들에게도 인기가 많다. 단지 한국 브랜드라는 걸 사람들이 몰라서 기회가 있을 때마다 선전 중이다. 이날 케빈이라는 중국 학생이 치킨 요리를 해 왔는데 아주 맛있었다. 함께 먹으며 수다 떨고 유튜브도 보면서 놀았다. 투르키스탄 학생이 하나 왔는데 자기네 대통령이 손자랑 노래하는 거며 뭔 세리모니하는 거며, 영상을 틀어주는데 나름 재미있었다. 얘기하다가 아무렇지도 않게 자기네는 독재국가라고, 현 대통령은 죽을 때까지 할 거란다. 중앙아시아에서 경제 수준도 낮고 아주 폐쇄적인 나라인데 북한이랑 다른 점은 자기처럼 외국을 자유롭게 나다닐 수 있는 거라고 한다.

이날은 여기서 수학 강사를 하는 젊은 대만 여성도 와서 페북으로 바로 친구도 맺었다. 중국 애들은 카톡이나 유튜브를 다 못한다고 하니 그 정도였나, 놀랐다. 여기 온 애들은 워낙 부자라 혜택받은 애들인데, 실제 중국 대부분은 사회 수준이 독재 비슷한 거다. 새삼 우리가 참 행복한 거라는 생각이 들었다. 지난 학기 현대미국음악 수업 시간에 각자 발표할 때, 교수가 언론 통제가 있는 나라에서 온 학생들은 조심하라며 한 학생이 수업 중 발표한 내용 때문에 귀국하면서 체포되었다는 얘기를 한 적도 있었다. 우리나라도 민주화되기 위해 얼마나 많은 청춘들이 희생했나 싶은데, 그 옛날 학생들이 공부는 안 하고 데모나 한다고 떠들던 인간들이 지금은 태극기 들고 난리 치니 문제다.

한번은 각 나라 관광지 소개도 하고. 필리핀 영화를 보았는데 확실히 진행이 너무 느렸다. 맛깔스러운 장면 전환, 이런 게 뒤떨어진다. 이러니 한류드라마가 인기 있는 거다. 그리고 태국의 아이돌그룹 영상도 보았는데 BTS 급의 영상에 익숙해진 내 눈에는 확실히 이 프로가 아니라 이십 프로는 부족한 듯했다. 그러더니 한국 드라마 '고스트 호텔'을 보자고 한다. 내가 모른다고 했더니 그 유명한 걸 모르냐고 한다. 알고 보니 우리말 제목은 '호텔 델루나,' 들어본 것 같다. 죽은 사람이 저승에 가기 전 가는 호텔. 발상이 참신하고 창의적이네, 싶다. 나보고 방학 때 한국 가면 꼭 보란다. 아이유가 주연으로 나오는데 아주 재밌다나.

이번 학기 끝나는 마지막 모임 날, 나는 한국으로 떠나기 전날인데, 근처에 있는 '테이스티 팟'이란 곳에 가서 함께 식사했다. '핫팟'이라는 대만 요리인데 전골을 각자 먹는 듯한 느낌이다. 나무 받침 안쪽에 기름통 같은 게 숨겨져 있고 그 위에 둥근 그릇을 놓아서 끓여 먹는다. 종류도 많고 맵기도 조절해서 주문할 수 있다. 나는 야채가 듬뿍 들어간 담백한 걸 주문했다.

오늘 열 명이나 모였다고 스탠리가 하도 좋아하기에 장난삼아, 네가 회장이니까 오늘 네가 쏘는 거지? 하고 놀렸는데 애가 그걸 진짜로 받아들이고 지가 내겠단다. 돈이 있대나. 그래서 그게 네 돈이냐, 너네 부모 돈이지, 그러면서 관두라고 했다. 그랬더니, 그럼 일단 자기가 낼 테니까 스스로 꼭 내고 싶은 사람은 자기한테 돈을 달란다.

그랬더니 나를 포함해 세 명만 자기 밥값을 낸 것 같다. 뭐, 한국 일본 다 여행 다녀 봤고 아빠가 사업한다니까 여유는 있어 보이지만. 그래도 내가 너한테 재정적 위기를 초래한 거 같아 미안하니까 다음 학기에 여기서 밥 한번 사주마, 했다. 한턱 쏘려면 나이 든 내가 내야 할 판에, 그렇다고 갑자기 음식값 이십만 원을 내기는 뭐해서 그렇게 넘어갔다. 그래, 이 클럽도 잘 진행되었고 스탠리, 네가 편입 잘하면 나도 조금은 도움 준 거니까, 생각하면서.

내 나이에 젊은 애들이랑 격의 없이 어울러 다니니까 참 재밌다. 아쉬워하는 애들을 남겨두고 나는 해피 뉴이어를 미리 하고 집으로 왔다. 곧 귀국하려면 짐도 싸야 하고 청소도 해야 하고. 이건 순전히 내 생각인데 애들이 나를 좋아하는 것 같다. ㅎㅎ

24 코로나와 나, 그리고 아버지

1월 말 한국이 코로나로 한창 난리가 나기 시작할 때 미국에 왔는데 그때만 해도 미국은 딱히 별 탈이 없어 보였다. 그러더니 2월 말쯤 미국에도 슬슬 코로나 얘기가 돌기 시작했다. 샌프란시스코에서도 환자가 나왔느니 위독하다느니 그런 말만 전해질 뿐, 공식적인 발표는 없었다. 게다가 마스크가 부족하니까 의료진이 먼저 쓰게 사지 말라는 공지까지 학교에 붙었다.

그래도 아시아 학생들은 아무래도 걱정이 되는지 마스크를 산다고 했다. 나도 학교 근처에서 코로나 마스크 두 개를 4만 원에 샀다. 그런데 너무 갑갑해서 쓰기 힘들 것 같아 대만 친구가 산 인터넷 사이트에 들어가 메디컬 마스크 10개짜리 두 팩을 약 9만 원에 구매했다. 문제는 주문이 밀려서 배송이 언제 올지는 모른단다. 그래도 작년에 샀던 메디컬 마스크가 집에 7개 남아있고 천 마스크도 두 개 있으니까 끓여서 살균해서 쓰기로 했다. 여기가 인구 밀집도는 한국보다 훨씬 덜하니까.

3월 둘째 주에 학교에 가보니 UC버클리를 비롯한 대학들이 이미 휴강했다는 말이 들렸다. 오는 토요일에는 푸드뱅크 봉사활동을 할까 했는데 신경이 쓰였다. 남편에게 물었더니, 봉사라는 건 즐겁게 해야 하는 건데 맘이 불편한 채로 하는 건 재고해 보라 해서 아쉽지만 취소했다.

일요일이 되자 올드퍼스트 처치에서 하는 베토벤 탄생 200주년 기념 음악회를 취소한단다. 그리고 식품점에 가보니 사람들이 사재기를 막 하는 듯하다. 특히 냉동식품이 많이 떨어졌다. 그래도 과일 야채 빵 등은 아직 여유가 있어 보였다. 다섯 군데를 돌다가 간신히 계란을 사 왔는데 다음날 가보니 새로 많이 들어와 있었다. 이 풍요로운 나라에서 설마 국민을 굶기기야 할까 싶었다.

그러더니 며칠 후, 아니 무슨 나라가 이렇게 깡패같이 정책을 쓰지? 그동안 아무런 정보도 대책도 없더니만 갑자기 나음날부터 셧다운이란다. 병원이나 생필품 사는 일 외엔 나다니지 말라는 강력한 경고가 있었다. 식당은 배달이나 테이크아웃만 가능하고 은행이나 주유소 같은 곳 빼고는 거의 스톱시키고 3주간 자가 격리를 한단다. 학교도 3주간이나 휴교란다.

아는 교포 말이 한국 학생들이 급하게 귀국한다고 한다. 젊은 애들이라 밤샐 각오를 하고 공항에 무조건 가서 표 나오는 대로 간다고.

아이고, 내 나이에 공항 가서 밤샐 수도 없고. 비행기 표 가격이 편도에 300만 원에서 400만 원으로 올랐다나. 와, 1월에 올 때는 왕복에 120만 원에 왔는데.

나도 그냥 돌아갈까 싶어 아시아나에 전화해보니 전화를 안 받는다. 알고 보니 아시아나는 몇 년 전 샌프란시스코 공항에서 사고 난 일의 페널티로 4월 말까지 운행정지가 되었다나. 대한항공에도 전화하니 30분 넘게 전화 연결이 안 된다. 사이트에 들어가 보니 직행은 없고 LA에서 3시간 기다렸다 갈아타야 한단다. 그런데 6피트씩 거리두기를 워낙 철저히 해서 제시간에 수속을 마치고 다음 비행기에 오를 거란 보장이 없단다. 그럼 LA에서 하루 자고 다음 날 비행기로 가야 하나? 아이고, 한국행 비행기를 타기도 전에 지쳐 죽을 것 같다.

당장 나가려 해도 방을 빼려면 최소 한 달 전에 얘기해야 하는데, 갑자기 나가면 괜히 월세 한 달 치를 더 내고 방에 있는 가구 치우는 값까지 내고 나가야 할 판. 에라 모르겠다, 그냥 있기로 했다. 이 사회에서 국가나 사람들이 어떤 식으로 대처하는지 관찰하는 것도 경험이니까, 지켜보기로 했다. 비행기 표는 5월 말 거 있으니까.

쌀은 전에 사 놓은 거 있고 과일, 야채는 그때그때 사다 먹고. 뭐, 모자라면 한 끼만 먹지, 긍정적으로 살자! 집에 들어오면 로비에 손 소독제가 매달려 있으니 손 닦고, 길거리에서 감염되진 않겠지. 식품매장 들어갈 땐 6피트씩 떨어져야 하니까 면 마스크 쓰고 들어가고. 방이 2층인데 엘리베이터 안 타고 걸어 다니고. 이 정도 접촉을 피해도 바이러스가 나를 방문한다면, 한국에 있어도 사고 나서 죽을 확률이 아닐까. 유튜브니 넷플릭스니, 한국 TV프로 나오는 온디맨드코리아 등등 오락거리 방안에 많고, 나름 지낼 만하지 않은가.

CNN 앱을 다운받았더니 온통 코로나 얘기라, 너무 자주 보면 안 되겠다 싶었다. 시체를 넣은 백이 거리에 방치되고 있다는 등 대책도 없이 안 좋은 뉴스만 많이 나오고, 갑자기 가게 문 닫고 직업 잃은 사람들, 트럭 운전해야 먹고 사는데 일이 끊겼다고 울먹이는 인터뷰 등도 많이 나왔다.

그런데 이 나라 사람들은 뭔 일이 터져도 정부 욕하고 난리 치는 게 없다. 어느 날 갑자기 행정명령 내리면 끝. 우리나라 같으면 생난리 치고 인터넷이 시끌벅적할 텐데, 말없이 따르네. 상황을 타개하고 싸우려는 그런 게 참 없달까. 그저 갑자기 재앙이 닥친 걸 정부가 어찌겠느냐, 정도로 얘기한다.

우리가 정치적으로 나뉘어 악쓰고 싸우는 것도 긍정적인 에너지가 아닌가, 더 나은 것을 추구하는 역동성이랄까, 우리가 서로 비교하고 열등감 느끼고 그러는 것들이 어찌 보면 평등과 권리를 찾기 위한 동력이 되는 건 아닐까, 하는 생각도 들었다. 이 사회를 보면서 계속 느껴왔던 생각, 사람들이 무기력하게 현상을 받아들이는 것 같은 느낌, 이러니 샌더스 같은 사람이 지지를 충분히 못 받았지, 싶기도 했다.

한 가지 재미있는 건, 한국의 발 빠른 코로나 대처 상황을 보면서 이들이 우리의 '빨리빨리'라는 단어를 보도하기 시작했다는 것이다. 도대체 저 한국이란 나라는 뭐지? 하면서. '빨리빨리'는 성수대교나 삼풍백화점이랑 연관되던 아주 부정적인 단어인데 그 단어를 가지고 한국의 긍정적인 현상을 분석한다니 참 흥미로웠다.

얼마 후 강의는 줌으로 재개되었고 방에만 있기에 답답한 나는 매일 삼십 분을 걸어 샌프란시스코 베이로 가서 바다를 하염없이 보다가 또다시 걸어서 돌아왔다. 요새 노숙자들을 쉼터로 많이 데려갔는데, 거기 가면 마약을 못 하니까 거리에서 살다 죽겠다고 버티는 사람들은 그냥 놔두어서 거리에는 중증의 거지들만 남아있으니 별 위협이 되지 않았다. 물론 항상 경계하며 걷기는 했지만. 바닷가에는 산책이나 조깅하는 사람들, 자전거족들이 있고 낚시를 하는 사람들도 있어서 심심하지 않았다.

코로나 상황에서 떠올린 아버지의 삶

바다를 바라보면서, 사람들은 여전히 죽어 나가고 더욱이 외국인인 나는 코로나 걸리면 끝장인데, 나는 무사히 저 바다 건너 가족을 만날 수 있을까, 하는 상념에 젖기도 했다. 그러면서 오래전에 돌아가신 아버지의 삶을 떠올렸다.

아버지의 삶은 6.25 전쟁으로 인해 커다란 굴곡을 맞게 되었다. 하긴 우리 윗세대에서 전쟁으로 인한 상처가 없는 사람이 얼마나 되겠는가만은.

아버지는 3살 때 어머니가 돌아가시고 10살 때 아버지가 돌아가셨다. 그 후로 친척 집을 전전하면서 간신히 고등학교를 마쳤다. 지나칠 정도로 노력형이었던 아버지는 후에 만주에 가서 만철(만주철도)에 입사하셨다. 그 당시의 철도는 지금의 비행기 이상으로 상당한 위력을 가지고 있었는데, 아버지는 거기서 한국인 최초로 역장이 되셨단다. 그리고 후에 평양에 정착해서 아주 유복한 삶을 누리고 있었다.

그런데 해방 후 소련군이 들어오자 부유한 아버지는 불이익을 당할까 봐 겁이 났다. 그때 이미 나이는 42살, 자녀가 여섯 명이었단다. 그 나이에 처자식을 데리고 남한으로 가서 뭘 해서 먹고살 수 있을지 난감했다. 그래서 가족들에게 남쪽에 가서 상황을 알아보고 오겠다고 하고 혼자서 고향인 경기도 양주로 오셨다.

그 당시에는 38선은 있었으나 사람들의 통행이 가능했었는데 아버지가 넘어오고 난 3일 후에 갑자기 통행이 금지되었다고 한다. 그리고 얼마 안 되어 6.25 전쟁이 일어났다. 전쟁이 끝나고, 남하한 지 5년이 되었을 때, 이제는 분단이 고착되어서 도저히 가족을 만날 수 없다고 생각한 아버지는 주변의 권유로 엄마와 결혼하셨다. 그리고 나와 여동생 남동생을 낳았다. 내가 아들이었으면 나 하나만 낳았을 거라고 하셨다. 워낙 글씨를 잘 쓰고 지식이 많았던 아버지는 친척의 소개로 행정서사 일을 시작하셨다. 글 써주고 또 세무 용지를 파는 일이었는데 그저 근근이 다섯 식구 먹일 수 있는 정도였다.

아버지는 1980년에 돌아가실 때까지 북한의 가족을 못 만나셨다. 안타깝게도 심장병에 걸렸고 일흔두 살에 생을 마감하셨다. 내가 대학을 졸업하고 교사가 된 다음 해였다.

내가 고등학교 때였는데 어느 날 아버지가 내 앞에서, 내가 너희들을 다 교육시키고 죽어야 할 텐데, 일찍 가면 어떡하냐며 눈물을 글썽이신 적이 있다. 협심증이 나타났고 이미 환갑도 넘어버린 아버지… 그 모습이 내 머리에 강하게 각인되어서 그 이후의 내 삶에서 여러 중요한 결정에 영향을 미쳤다.

영국문화원 장학금으로 석사학위를 한 나는 한국에서 박사과정을 시작했다. 약한 체력에 교직과 공부를 병행하다가 과정을 수료하고 논문을 준비할 때쯤 건강에 이상이 생겼다. 남편은 내게 그냥 교직을 그만두고 하고 싶은 걸 하라고 말했다. 하지만 그때 나에게 떠오른 건, 내가 너희들 교육을 다 시키지 못하고 죽으면 어떡하냐고 눈물을 글썽이던 아버지의 모습이었다.

교수가 못되면 경제적으로 어려워질 텐데… 나는 자식이 공부하고 싶으면 얼마든지 지원할 수 있는 부모가 되고 싶었다. 내 아이는 가계를 신경 쓰지 않아도 되는 자식으로 만들고 싶었다. 그래서 결국 학위를 포기했다. 아쉬움이 남아 그 후 십여 년간 박사 논문 쓰는 꿈을 가끔 꾸기도 했지만.

여기 와서 태평양을 앞에 두고 가족을 생각하다 보니 가족을 못 보고 30년의 세월을 살다 가신 아버지의 아픔이 느껴지는 듯하다. 나는 코로나만 걸리지 않으면 언젠가는 한국으로 돌아가겠지만, 평생 가슴에 한을 품고 살았던 아버지를 이 먼 곳에서 떠올린다. 남한으로 떠나올 때 막내아들이 열 살이었다는데…

어쩔 수 없는 역사의 수레바퀴 속에서 자신의 인생이 송두리째 내팽개쳐졌던 아버지의 삶을 오랜만에 다시 만난다. 그 가슴 아팠던 영혼에게 늦게라도 위로의 말씀을 전하고 싶다.

25 비주얼 컬처와 이미지 분석

 사회학처럼 맘에 드는 교수를 따라다니며 듣게 된 또 다른 강의. 지난 학기 서양미술사 강의했던 교수가 하는 '비주얼 컬처'인데, 현대 미술과 이미지 분석에 관한 내용이다. 지난번처럼 강의 듣고 시험 보는 것 외에 에세이도 써야 한다.
 첫 번째 에세이는 이미지를 하나 선택하고 거기에 대해서 겉으로 드러난 명시적 의미(denotation)와 함축된 의미(connotation)를 분석하라는 것이었다. 나는 마침 떠오르는 이야기가 있어서 인터넷에서 사진 자료를 찾았다. 예전에 TV에서 '샘 오치리'라는 방송인이 얘기한 내용이었다.
 샘 오치리는 아프리카의 가나에서 온 젊은이인데 '비정상회담'이라는 프로에 출연하면서 많이 알려져 여러 방송에 출연한 사람이다. 그가 유명해지면서 광고도 찍게 되었는데 동대문에 커다란 쇼핑몰 빌딩에 양복을 입은 그의 사진이 걸리게 되었다. 그때 방송에서 오치리가 한 얘기에 의하면, 가나에서 온 자기 친구가 그걸 보면서 너무 감동해서 눈물을 흘렸다고 한다. 자기네들은 가난한 나라에서 살면서 흰 것은 좋은 것, 검은 것은 열등한 것이라는 생각에 지배당하고 있었는데, 대한민국이라는 발전된 나라에서 흑인의 사진 광고가 저렇게 크게 걸릴 수 있다는 것 때문이었다.

그 방송이 인상적이어서 나는 그 사진을 가지고 분석을 했다. 여기서 겉으로 드러난 이미지는 한 젊은이가 말끔하게 까만 정장을 입고 광고를 하는 것, 그 이상도 이하도 아니다. 미국에서 이 광고가 걸렸다면 아무렇지도 않을 것이 한국에서는 사람들에게 또 다른 의미를 내포하고 있다. 흑인도 이렇게 말끔하게 차려입고 멋있을 수 있다는 것, 그리고 그것이 구매력을 향상시킬 수 있다는 생각이다.

이미지는 그 함축적 의미와 함께 그 시대의 사람들이 어떠한 사회의식을 가지고 있는가도 나타내지만, 동시에 이미지의 노출이 사람들의 인식을 바꾸는 데 기여할 수도 있을 것이다. 1963년에 마틴 루터 킹이 워싱턴에서 흑인들과 행진하는 장면을 TV에서 방송할 때의 의도는 단순한 보도를 하려는 것이었지만 백인들은 그 이미지를 보고 상당히 충격을 받았다고 한다. 많은 백인들이 흑인은 지저분하고 열등하다는 인식에 갇혀 있었는데, 흑인들도 똑같이 점잖고 멋있게 행진을 하는 것에 놀란 것이다. 이 과목 교수도 흑인이기 때문에 아마도 내가 쓴 이러한 내용에 대해서 좀 더 특별한 느낌을 받지 않았을까 싶다.

두 번째 에세이는 '스튜어트 홀'이라는 학자의 이론을 이용해서 그가 말한 이미지에 관한 세 가지 관점으로 하나의 이미지를 골라 분석하라는 것이었다. 이 세 가지란, 이미지를 제시한 사람의 원래 의도된 관점(dominant-hegemonic), 이미지를 받아들이는 사람들의 배경에 따라 생성된 또 다른 관점(negotiated), 그리고 원래 의도된 이미지에 대한 반대되는 관점(oppositional)을 말한다. 이럴 때는 남들이 안 하는 독특한 거, 우리 거가 좋지 싶어 재미있는 이미지를 골랐다.

좀 시간이 지난 일이지만 우리나라의 유명한 국회의원이 공항에서 입국하며 게이트 문이 열리자마자 자기의 캐리어를 옆으로 눈길도 주지 않은 채 쓱 밀어버렸는데 밖에서 지키고 있던 비서가 달려가서 그 캐리어를 탁 받았던, 소위 말해 '노 룩 패스'로 알려진 사건이었다. 이걸 기사에 올렸던 기자는 단순히 그 상황이 재미있어서 올린 것뿐이었다고 말을 했다. 이것이 원래 의도된 의미(dominant-hegemonic)였지만, 사람들은 이 이미지에 분노하며(negotiated) 이를 풍자하는 쇼츠가 퍼져나갔고 심지어는 미국의 유명한 토크쇼 진행자, 지미 팰런이 자기 쇼에서 그 장면을 연출하는 일까지 벌어졌다. 당사자인 국회의원은 처음에는 비서가 할 일을 했는데 뭐가 문제냐는(oppositional) 반응을 내놓았지만 결국은 여론에 밀려 자기가 바쁘다 보니 그렇게 되었다며 앞으로는 조심하겠다는 말로 사태를 수습했다. 사회 구성원들의 인식 변화가 한 공직자의 태도 변화를 이끌어낸 경우라고 할 수 있는데, 교수가 이 내용도 재미있어했다.

그다음에도 비슷한 식의 과제가 나왔는데 현 상황과 관련된 이미지를 고르라는 말에, 캘리포니아에서 코로나 시국에 간호사들이 마스크가 없어 검은 비닐봉지를 쓰고 시위하는 사진을 '샌프란시스코 크로니클'이라는 신문에서 골랐다. 그리고 글의 중간에 한국인들의 반응을 넣었다.

이것은 미국인들에게는 마스크 부족 현상에 대해 걱정하는 반응을 일으켰을 뿐인 단순한 사진일 것이다. 그러나 한국인들에게는, 특히 전쟁을 겪은 나이 든 세대에게는 상상도 못 할 충격적인 사진이었다. 6.25 전쟁 때 미군들이 한국에 왔을 때 어린아이들이 처음 배운 영어는 '기브 미 초콜렛'이었다. 오랫동안 미국은 한국인들에게 거의 천국과 같은 이미지를 가지고 있었다. 그런데 이제 코로나 상황에서 이런 일이 미국에서 벌어지고 있는 것이다.

한국 사람들은 이런 이미지로 인해 우리가 얼마나 좋은 환경에서 코로나를 잘 극복하고 있는지, 정부가 얼마나 효율적으로 관리하고 있는지에 대한 인식을 제대로 하게 되었다. 다른 나라들은 셧다운으로 정신이 없지만 우리는 마스크를 쓰고 방역 수칙을 지키면서 아주 높은 투표율로 선거를 무사히 끝냈다. 이런 식으로 슬쩍 한국에 대한 자랑도 끼워 넣었다. 하하, 남의 나라에 와서 한국 돈 쓰고 있는데 이 정도 자랑은 해주고 가는 게 애국이라고 할 수 있지 않을까?

그런데 분석할 이미지들을 찾으면서 스스로 이런 생각이 들었다. 나는 왜 소외와 아픔, 평화와 인권, 이런 이미지에 유독 관심이 끌리는 것일까? 아마 어려서 보았던 가난한 사람들의 모습 때문이 아닐까? 내 머릿속에는 거리에 즐비하던 고아들, 깡통을 들고 다니며 구걸하는 거지들, 만원 버스에 매달려서 차장을 하는 십 대 여자애들의 이미지가 아직도 뚜렷하다. 가난한 집에서 태어났지만 내 처지를 비관하지 않았던 것도 바로 이런 기억들 때문이었을 것이다.

내가 몇 살이었는지 정확히 기억은 안 나지만 어렸을 때 어느 날, 길을 가다가 아버지가 하셨던 말씀이 선명하게 생각난다. "남의 물건이나 돈을 훔치는 건 나쁜 짓이야. 그런데, 정말 너무 배가 고파서 그런 짓을 했다면 그 사람은 용서해주어야 해." 어린 시절 기억 속에 있는 이미지들과 아버지의 말씀이 아마도 내 삶의 근저에 늘 자리 잡고 있는지도 모른다. 나는 간섭적이고 까다로웠던 아버지에게 별로 정이 없었지만 어릴 때 내게 해주신 이 말이 떠오를 때면 감사한 생각이 든다.

2부

60대의 단상들

1 그때는 몰랐지만 지금은 아는 것들

십여 년 전 고등학교 1학년을 담임하고 있었을 때였다. 어느 날 학생 엄마가 삼촌이라는 사람하고 찾아왔다. 분위기가 심상치 않아 옆에 있는 상담실로 모셨는데, 그 삼촌은 대뜸 소리부터 질렀다. "아니 우리 정훈(가명)이가 어제 학생부에서 혼나느라고 수업도 못 들었다는데, 선생님은 그거 알고 계세요?" 한다.

사실 그 전날 아침에 나는 몸이 좀 안 좋아서 조금 늦게 출근했기 때문에 그 일을 잘 모르고 있었다. 그래서 옆에 서 있는 정훈이를 보며 "아니, 너는 무슨 잘못을 했길래 그렇게 혼나고 부모님을 여기까지 오시게 했니?" 했더니, 그 삼촌이 "아니 담임이라는 사람이 학생 편에 서야지, 애를 나무라면 어떻게 합니까?" 하면서 또 버럭 소리를 지른다. 하긴 맞는 말이지 싶은데, 이 사람의 눈빛이며 표정이 심상치 않아 보여서 "어떻게 된 건지 학생부에 가서 좀 알아보고 올 테니까 여기 잠깐 계세요." 하고는 얼른 피해 나왔다.

정훈이를 데리고 학생부에 가보니 어제 있었던 일을 쓴 자술서가 있었다. 어제 수학 시간에 장난치고 떠들다가 선생님으로부터 지적받고 교실 뒤편에 나가 서 있으라는 벌을 받았단다. 그런데 뒤로 나가서도 장난을 치니까 선생님이 아예 교실 밖으로 나가라고 했다. 그 순간 애가 화가 난다고 문을 쾅 닫고 나갔는데, 하도 세게 닫는 바람에 바로 옆 반에서 수업하던 선생님이 깜짝 놀라 나와보니 정훈이가 복도에 침을 뱉고 있더란다.

즉시 정훈이는 학생부로 갔고 거기서 이런 진술서를 쓰고 벌점을 30점을 받았단다. 내가 "뭐, 벌 받을 짓을 했구만." 하니까 어쩔 줄 몰라 한다. 문제는 벌점이 60점을 넘으면 학교에서 자퇴를 시킬 수 있는데, 그동안 수업시간에 떠든 거와 지각한 것들, 이런 게 합쳐서 이미 20점이 넘었고, 또 30점을 받았으니 겁이 덜컥 났단다. 그래서 엄마한테 얘기한 건데 엄마가 삼촌과 함께 학교까지 이렇게 달려올 줄은 몰랐다는 것이다.

다시 상담실로 갔다. 이렇게 잠깐 피하는 것이 학부모에게도 감정을 좀 가라앉힐 시간을 벌어주겠거니 생각했는데, 이 삼촌이란 사람이 이번에는 수학선생님을 만나서 따지겠다고 한다. 아이고, 그 선생님은 경력이 얼마 안 된 젊은 여선생님인데 그대로 보냈다가는 무슨 봉변을 당할지 몰라서 일단 학생부실에서 같이 얘기하자고 했다. 수학선생님을 학생부실로 오시게 하고 학생부장님과 다른 남자 선생님한 분에게 동석해달라고 부탁했다. 학생부장님은 체육을 전공하신 분으로 골격이 장대한 분이었는데 일단 든든한 남자 두 분이 앉아 계시니 안심이 되었다. 그래서 나까지 합해 총 여섯 명이 학생부 회의실에 앉게 되었다.

회의가 시작되자 이 삼촌이라는 사람이, 자기가 고등학교 때는 학교에서 깡패 소리 들을 정도로 주먹이 셌다는 등 헛소리를 하더니 급기야 수학 선생님에게 '오죽 재미없게 가르치고 못 가르치면 애들이 장난을 치고 집중을 안 하겠느냐'는 말까지 했다. 그러자 점잖은 학생부장님이 몇 마디를 하셨고 나도 좀 거들려고 하는데, 그 순간 내 눈에 그 엄마의 모습이 들어왔다.

사실 정훈이는 부모가 이혼하고 아빠랑 사는 아이였다. 아이를 자주 못 보는 엄마… 그리고 얼굴에 그 신산한 삶이 느껴지는, 지치고 고달프고 어두운 모습이었다. 순간, 나도 아이를 키우는 엄마인데, 싶으며 그 엄마에게 연민이 느껴졌다. 자식이 학교를 퇴학당할지도 모른다는 말에, 그래도 한숨에 달려온 그 엄마의 마음이 어땠을까.

내가 정훈이 엄마를 바라보며 말을 시작했다. "어머니가 학교에 대해서 오해를 많이 하신 거 같아요. 늘 데리고 있는 자식이라면 덜 했을 텐데… 아침에 따뜻한 밥 한 끼 못 차려주는 아들이라 늘 마음이 짠했는데, 학교에서도 무시당했다는 생각이 들어서 달려오신 것 같아요."

그런데 그 말이 끝나는 순간 그 엄마의 얼굴과 눈빛에서 그 강렬한 분노와 독기가 스르르 사라지는 느낌이 들었다. 긴장했던 표정이 풀리는 느낌이랄까…

나는 말을 이어갔다. "정훈 어머니. 어머니의 목표와 우리 학교의 목표는 같습니다. 우리는 정훈이가 학교를 무난히 졸업하고 나가서 사회의 한 구성원으로 자리 잡기를 바랍니다. 그런데 선생님 말에 문 쾅 닫고 나가고 이러는 거 지금 교육시키지 않으면, 애가 이다음에 사회인이 되어도 상사가 뭐란다고 그 자리에서 문 쾅 닫고 나가고 회사 그만두지 않겠어요? 잘못한 것은 그대로 벌점을 받아 마땅합니다. 하지만 학교에는 상점 제도도 있어요. 수업 중에 열심히 하면 상점을 주는 제도가 있으니까, 애를 잘 지도해서 상점을 많이 받도록 해주세요. 너무 걱정하실 것 없습니다."

그렇게 그 엄마를 달래 보내고 나서 수학선생님과 의논했다. 애가 수업시간에 필기만 잘하면 시간당 2점씩 상점을 주면 어떠냐. 두 달만 하면 벌점을 다 보충할 수 있을 것 같다. 그러다 보면 학기도 거의 끝나갈 거고, 정훈이도 얌전해지지 않겠느냐고.

일은 그렇게 마무리되었다. 그런데 가끔 그 일을 떠올리면 내가 엄마여서 참 다행이다, 아이를 키워본 경험이 있어 참 감사하다는 생각이 든다. 엄마가 된다는 것, 엄마의 마음이 된다는 것은 누군가에게 공감하고 그 사람의 마음을 누그러뜨리는 그런 힘을 준다.

아주 오래전 교직생활 초기에 중학교 3학년을 맡았을 때, 가출했다 돌아온 학생이 있었다. 그 학생 손을 잡고 들어오던 엄마에게 좀 더 따뜻하게 대해 주었더라면 좋았을 텐데 싶다.

젊어서 열정만으로 가득했던, 그러나 세상을 모르고 남을 잘 포용할 줄 몰랐던 시절의 치기, 그런 것이 후회될 때가 있다. 내게 아무런 불만의 말도, 항의의 말도 하지 않았지만, 내게서 조용히 멀어져간 학생들도 많지 않을까, 하는 생각이 들 때도 있다.

'지금 알고 있는 걸 그때도 알았더라면' 이란 말이 있다. 그러나. 우리가 그때부터 지금까지 살아온 경험 덕에 그때는 몰랐던 것을 지금은 알 수 있는 게 아닌가. 지금 알고 있는 걸 그때도 알았더라면, 이라는 말은 어떤 면에서는 그동안의 삶을 통한 성장과 발전을 부정하는 게 아닐까. 어느 날 문득, 아이고 그때 그렇게 했더라면, 하는 생각이 들 때도 있지만, 그래도 지금이라도 깨달았으니 다행이다, 그러면서 살아가야 할 것 같다.

2 엄마와 나, 그리고 우리 딸

몇년 전 새해가 시작한 지 얼마 안 되어서 당시 91세이던 엄마가 뇌졸중으로 입원하셨다. 엄마와 함께 살던 여동생이 서울대학병원에서 수간호사로 정년퇴직한 지 며칠 안 되어서였다.

여동생이 아침 7시까지 출근해야 하는 데다 남편과 주말부부여서 엄마가 손자 둘을 키워주며 평생을 함께 사셨다. 당연히 엄마를 돌보는 일은 여동생이 주로 하게 되었다. 게다가 간호사였으니 말이다.

그런데 여동생은 워낙 완벽주의자여서 24시간 간병인이 있는데도 종종거리고 다니며 관리하고 우리 형제들을 3부제로 나누어 간병 보조를 시켰다. 워낙 저질 체력인 나는 방학 때 제대로 쉬지도 못하고 3월이 되어 학교에 나가려니 죽을 맛이었다. 그런데 여동생은 내가 정성이 부족하다며 불평했다. 직장에 다녀도 일주일에 한 번은 다녀가야 하지 않느냐는 거였다.

환자를 돌보는 게 얼마나 고된지를 아니까 그냥 알겠다고 하고 전화를 끊었다. 그리고는 미국에서 고등학교에 다니고 있는 우리 딸에게 하소연했다.

"니네 이모는 왜 그렇게 완벽주의자여서 지 고생하고 남도 고생시키냐? 힘들어 죽겠다," 어쩌고 하니까 "엄마, 그럼 이모한테 엄마 사정을 잘 설명해 보지 그래?" 한다. "그러면 '언니보다 내가 더 힘들어' 그럴 텐데. 또 사실이 그렇고." 그러고 끊었는데 곧바로 딸에게서 카톡이 왔다. "엄마, 내가 이모한테 방금 카톡 보냈어." 아이고, 동생에 대한 불평을 어지간히 늘어놓았던 터라 깜짝 놀라서 답장했다. "뭐라 했는데? 그거 나한테 전달해 봐."

그런데 우리 딸이 이모에게 보낸 카톡은 이런 내용이었다. "이모, 혼자서 할머니 간병하느라고 많이 힘들지? 내가 멀리 있어서 도와주지 못해 미안해. 그래도 할머니가 많이 좋아지셨다니 다행이야. 그게 다 이모가 극진히 간호한 덕분일 거야. 할머니도 이모 같은 딸이 있어 참 행복하실 거야. 나도 이담에 가족이 아프면 이모 같은 딸이 되고 싶어. 이모, 힘내. 파이팅. 사랑해." 그리고는 하트를 뿅뿅 날렸다.

아, 이 아이는 갈등을 이렇게 해결하는구나. 남의 마음속에 들어갈 줄 아는구나. 이 아이는 나와는 아주 다른 능력을 지녔구나. 이런 생각이 들며 엄마와 나, 그리고 우리 딸로 이어지는 관계에 대해 여러 가지 생각이 머리를 스쳐 갔다.

엄마는 어릴 적 교육을 제대로 받지 못했다. 어깨 너머로 한글을 뗀 정도였다. 그 당시는 여자를 밖으로 내돌리면 큰일 나는 줄 알던 시대였다.

외할아버지는 아들들은 다 교육을 시키면서도 엄마가 몰래 학교에 갔다가 들키자 노발대발하며 재떨이를 집어던졌다고 한다. 엄마는 재떨이에 맞은 무릎이 아직도 아프다고 하셨다. 열일곱엔가 시집갔다가 일찍 사별하고 육이오전쟁 이후 혼자 월남한 아버지와 재혼해서 우리 형제들을 낳았다.

아버지는 은근히 자신의 학식을 뽐내는 분이었다. 가끔 무식하다며 엄마를 무시하는 말을 하기도 했다. 어렸을 때 나는 그게 무척 못마땅했다. 지금은 나도 나이가 들어 이런 얘기를 할 수 있지만 사춘기 때 그건 상처 같은 거였다.

이런 면에 일찍 눈이 뜬 나는 중학교 이학년 때, 60년대 말의 교실에서 이렇게 선언했다. "나는 한 여자로서가 아니라 한 인간으로서의 삶을 살 거야. 그러려면 여자가 경제적으로 독립해야 해."

그러자 한 친구가 이렇게 말했다. "대부분의 남자들은 그런 여자 안 좋아하는데." 내 대답은 이랬다. "결혼을 대부분의 남자하고 하나? 한 사람 하고 하지. 그리고 결혼은 필수가 아니고 선택이야."

엄마는 워낙 헌신적인 분이어서 나는 별 불만이 없었다. 하지만 내가 결혼하면 엄마가 내게 하지 못한 '지적인 안내자' 역할을 할 수 있는 엄마가 되고 싶었다.

엄마보다 좋은 시대에 태어난 나는 최고의 교육을 받았고 결혼했고 늦둥이의 엄마가 되었다. 그리고 우리 부부의 철학에 따라 아이를 자유롭게 교육시켰다. 그런데 늘 행복했던 우리 딸은 입시 위주의 중학교 생활에 적응하지 못했다.

우리는 공부를 잘하라든가 일류대학을 가라고 요구한 적이 없지만, 공부에 관심 없고 끼가 넘치는 우리 딸에게 엄마는 아무리 노력해도 넘을 수 없는 벽 같은 존재였다. 아이가 힘들어할 때 담임선생님을 만나러 가며 이런 생각이 들었다. '우리 엄마는 내가 공부를 잘해서 늘 학교 가면 대우받고 행복해했는데, 우리 딸은 엄마가 공부 잘한 게 행복하질 않구나.'

결국 우리는 아이를 경쟁의식을 덜 느낄 수 있는 미국으로 보냈고 자신의 적성을 찾아 예술 분야로 진학했다. 내가 하고 싶었던 '지적인 안내자'의 역할은 많이 못했지만 넓은 세계를 보여줄 수는 있었다고 생각한다.

엄마는 내게 지적으로 도움을 주진 못했지만, 그보다 훨씬 더 크고 넓은 것을 보여준 분이었다. 내가 고등학교 때쯤, 70년대 초만 해도 육이오전쟁 중 불구가 되어 행패를 부리며 다니는 상이용사들이 많았다. 어느 날 대문 두드리는 소리에 나가 보니 목발 짚은 상이용사가 대뜸 소리를 질렀다. "나 배고프니까 밥 좀 주쇼" 하는데 충혈된 눈이 분노에 차있는 듯했다. 내가 겁이 나 있는데, 엄마가 나오더니 말했다. "우리가 점심 식사를 끝낸 터라 반찬이 없는데 밥이랑 김치라도 해서 드실래요?"

 엄마는 작은 상에 밥과 김치, 그리고 국그릇에 보리차를 담아 내어 왔다. 그 사람은 마루에 걸터앉아 보리차에 밥을 말더니 허겁지겁 한 그릇을 다 먹고 일어났다. "감사합니다" 하고 나가는 그의 눈은 이글거리던 빛이 한결 순화되어 있었다.

 지금도 그 광경을 떠올릴 때면 내게 이런 모습을 보여준 엄마에게 감사한다. 우리가 인간과 삶에 대해 따뜻함을 갖게 되는 건 말로 하는 교육이 아니라 부모가 몸소 실천하는 이러한 모습들을 통해서가 아닌가 생각한다.

 몇 해 전 봄날, 공원을 산책하는데 활짝 핀 벚꽃들이 너무나도 화사하고 아름다웠다. 그 순간, 이 나이의 내게 아직도 이런 아름다움에 감탄하도록 만들어 준 게 누구일까, 그건 부모가 아닐까, 하는 생각이 스쳐 갔다. 그래서 미국에 있는 딸에게 그런 생각을 카톡으로 보냈다. 끝에 이렇게 썼던 기억이 난다. "니가 이담에 엄마를 떠올릴 때 이런 느낌으로 기억될 수 있다면, 엄마가 참 행복할 거 같아."

 쓰러지셨던 엄마는 다행히 많이 회복되어서 이제는 지팡이 짚고 거동도 가능하다. 무엇보다도 키워준 손자들이 치매기가 약간 있는 할머니를 아이처럼 다루며 보살핀다. 대학생인 손자들이 병원에서 할머니 기저귀를 아무렇지 않게 갈면서 놀아주는 것을 보고 사람들이 감탄했었다. 우리 딸도 한국 가면 할머니랑 이렇게 논다. 이런 걸 노복이라고 한단다.

　엄마의 마음이 내게로 왔고 나의 마음이 우리 딸에게로 이어져 간다. 인생에 대한 사랑과 감사의 마음을 내게 심어준 엄마. 엄마를 떠올리면 마음속에 아련한 그리움과 감사가 잔잔히 물든다. 우리 딸에게 나도 그런 엄마가 되고 싶다.

3 변하는 젊은이들, 나는 얼마만큼 변했을까

　미숙아, 안녕? 요즈음은 건강이 어떠니? 네가 아파서 카톡을 길게 못하니까 내가 주절주절 소식을 전한다. 너는 내가 뭐든지 터놓고 얘기할 수 있는 친구니까.
　우리 딸을 중학교 때부터 미국에 보내고 나니 여러 가지 걱정이 많았어. 그런데 달리 방법이 없었지. 등교거부증까지 생길 정도로 우리 경쟁 체제에 적응을 못한걸. 우리가 또 워낙 자유롭게 키웠잖아.
　그런데 애를 미국에 보낸다는 건 그 문화를 흡수하라고 그 속에 던져 놓은 것. 우리나라 젊은이들도 예전과는 아주 달라진 가치관으로 살고 있지만, 그래도 아직 미국보다는 덜 개방적이지 않을까 하는 생각이 있는데, 글쎄 정말 그럴지는 알 수 없지. 요새 드라마 보면 우리나라도 만만치 않더구먼. 특히 마약이나 성의 문제에선 걱정스러운 게 사실이야. 하긴 나만 아는 비밀인데, 내 동창도 스무 살 때부터 이미 남친이랑 관계를 맺은 애가 있지만, 그건 그 당시엔 아주 드문 경우였지.

우리 딸은 성에 관한 질문을 거리낌 없이 하던 애라 늘 조심스러운 마음이었어. 근데, 나 참, 본인이 조심스러워야지, 엄마가 조심스러우면 뭐하나? 언젠가는 무슨 드라마를 보다가, 엄마 내가 만약에 저렇게 임신을 했다, 그러면 어떡할 거야?, 이런 질문까지 하는 통에, 네가 책임져야지, 낙태시키거나 만약에 그걸 거부하고 싶으면 미혼모 쉼터 같은 데 찾아가서 해결해. 네 인생이니까 네가 선택해, 이렇게 대답했었어.

한번은 남편에게 물어본 적도 있어. "워싱턴 사는 미숙이 말이, 예전에 거기 어떤 한국 엄마가 영 얼굴이 말이 아닌 채로 다니더래. 알고 보니까 고등학생 딸이 애를 낳아서 키워주고 있더래. 근데 지금은 딸이 그 아기 아빠랑 결혼해서 잘 산대. 남자가 힐튼호텔인가 부사장이어서 장모님한테 극진하대. 여행 다니면 무조건 스위트룸에 모신다네. 당신은 만약에라도 우리 딸이 애를 낳아 오면 어떡할 거야?"

남편이 그러더라. 우리 딸이 정상적으로 결혼해서 낳은 아기를 키워달라고 하면 키워줄 거냐고? 그래서 당연하다고 했지. 도우미 아줌마 써가면서 해줄 능력이 있으니까. 그랬더니 남편이 하는 말, "인간은 누구나 소중한 존재야. 어떻게 낳은 아이든 우리가 능력이 되면 키워주어야지."

나는 이 남자가 참 괜찮다는 생각을 해. 상황에 대한 판단에 설득력이 있잖아. 내가 헷갈려하던 문제가 간단히 풀리거든. 그러면서 이런 얘길 하더라. 아까 그 경우도 사위가 잘 되었으니까, 부자니까, 그런 일이 일어났어도 괜찮다는 사고방식은 물신주의에 기인한 거라고. 고등학교 때 애 낳은 게 나중에 사위의 지위나 돈에 따라 좋거나 나쁜 거로 평가받을 수 있는 건 아니지 않냐고.

그래서 남편에게 이런 말을 했어. "우리 애가 별 탈 없이 지난 거는 다행이지만 만약에 애가 고등학교 때 그런 일이 있었다면, 나는 배신감을 엄청 느꼈을 거야. 우리는 애한테 모든 걸 쏟아부었잖아. 대학까지 마치면 금전적으로도 웬만한 집 한 채 값은 족히 넣는 거야. 그리고 우리도 얼마나 신경 쓰고 노력했어? 근데 부모의 맘을 조금이라도 알면 그러면 안 되는 거 아냐? 배신감 충분히 느낄 만하지."

그랬더니 남편이 그러데. "애는 우리랑 아주 다른 시대에 살아. 혼전 순결이라는 말이 없어진 지도 오래고. 애가 오랜 기간 부모랑 떨어져서 살면서 느꼈을 고독감, 막막함, 그 외로움의 깊이를 우리는 상상하기 어려워. 애가 어쩌다 이성 관계에서 그런 출구를 찾았다 하더라도 그건 받아들여야 하지 않을까? 그걸 부모의 입장에서 배신이니 어쩌니 그런다면 인간을 출구 없이 몰아붙이는 게 되는 거지. 아이의 그런 행동과 부모에 대한 사랑은 전혀 별개의 문제야."

하긴 남편 말이 맞다 싶긴 해. 이런 얘기도 하더라고.

"이제는 우리 아이의 삶에 우리가 개입할 여지가 별로 없어. 앞으로도 애는 마약이니 성이니 개방된 사회에서 스스로 선택하고 결정하며 살아야 해. 심지어 애네는 조만간 인공지능이랑 살아갈 세대야. 시대가 변한 걸 받아들여야 해. 사람들은 시대가 변한 건 인정하면서도 우리 아이만은 안 변하길 바라지. 그런데 우리 아이도 당연히 변하는 거야. 그걸 인정하자고."

이상이 우리 부부의 대화였어. 처음에는 불편한 주제였는데 얘기하다 보니 내가 설득된 느낌이네.

4 중환자실 병상일지

얼마 전 이천설봉서원에서 하는 사서오경 강의를 들으러 운전을 하고 가는 길이었다. 그런데 갑자기 가슴이 잡아당기는 듯이 이상하며 속이 울렁거리기 시작했다. 결국 차를 세우고 풀숲에서 한참을 토했다.

급체했나 보다 하며 차를 돌려 집으로 돌아가는 길에 다시 통증이 왔다. 마침 옆에 카페가 있어 들어가 화장실에서 더 심하게 토하고 나오는데 가슴과 등짝이 너무 아프고 두통이 상당히 심했다. 몸을 움직이기가 힘들어 119에 전화를 했다.

곧이어 나는 이천의료원 응급실에 도착했다. 우선 피검사를 하고 엑스레이도 찍었다. 얼마 후 응급실 선생님이 피검사 수치가 좀 이상이 있다며 한 번 더 해 보자고 했는데, 나중에 들은 결과는 너무 놀라웠다. 급체한 게 아니라 심근경색이란다.

내가 그런 병에 걸리다니… 좀 멍한 상태로 시키는 대로 중환자실에 입원했다. 그다음 날은 토요일이라 일단 월요일까지 약을 쓰면서 경과를 지켜보자고 했다. 평소에 아주 건강한 생활 습관을 갖고 있다고 자부하는 나는 정말로 의아했다. 매일 아침 스트레칭하고 단전호흡하고, 수영하고 등산도 하고, 술 담배 안 하고, 그런데 이런 병이 나한테 올 수가 있나?

사실 나는 심근경색이라는 병에 대해서 거의 모르고 있는 처지였다. 찾아보니 뭐, 삼 분의 일은 병원 문턱 밟기도 전에 죽는 병, 생사를 가르는 병이란다.

그런데 다음 날 아침 병원에서는 그날 바로 시술을 하자고 했다. 토요일임에도 불구하고 출근하신 주치의 선생님은 몇 가지 설명을 해 주셨다. 아침에 원격으로 피검사 수치를 보니 그대로 월요일까지 두면 위험할 것 같아서 오늘 혈관 조영술을 해야 한다는 것이다. 그리고 스텐트 넣을 확률이 높다고 했다.

곧바로 스텐트 시술을 받았는데 생각보다 혈관 상태가 좋지 않았단다. 그래서 시술 중에 몇 번의 고비가 있었는데 의사 선생님이 등골이 오싹하고 식은땀이 났었다고 하셨다. 그 여파로 이삼일 간 열이 나며 간 수치가 치솟는 시간이 왔다. 그러면서 중환자실 생활이 일주일 동안 이어지게 되었다.

중환자실 경험은 처음인데, 면회도 하루에 30분 동안 한 명씩만 들어올 수 있어 가족들이 그 시간을 쪼개야 했다. 종일 누워만 있어 여기저기 몸이 쑤시는 나는 우스갯소리로 면회순서는 맞사지 잘해주는 순서라고 말했다. 그저 모든 걸 하늘에 맡기고 심장아, 그간 고생했다, 좀 쉬면서 회복해다오, 하는 수밖에 없었다. 그런데 그 일주일은 중환자실이란 곳에서 다양한 사람들을 보면서, 인간이란 무엇인가, 삶은 어떤 것인가를 돌아볼 수 있는 기회가 되는 시간이었다.

내가 본 중환자실의 모습은 상당히 많은 부분 떼쓰는 노인들을 달래는 곳이었다. 간호사들은 익숙한 듯이 약간 치매기가 있거나 고집이 세거나 하는 노인들을 애들 다루듯 달래고 어르면서 그 일을 하고 있었다.

분명히 틀니를 가져왔는데 왜 안 주느냐고 고집을 피우는 노인, 또 심지어는 간호사를 때리려고 하는 노인. 그런 모습들을 보면서 아, 노년이란 이럴 수밖에 없는 건가, 하는 생각이 많이 들었다.

중환자실에서 본 노년은 남녀의 구분도 없고 수치심의 영역도 없고 막무가내인 모습이었다. 물론 정상적인 분들도 있었지만, 이것저것 떼쓰는 사람들을 나는 더 많이 본 것 같다. 슬프게도 노년은 통증과 억지와 치매의 혼합이었다.

어느 날은 한산했다가 어떤 날은 좀 사람이 붐볐다가 그런 와중에 하루는 남편이, 오늘은 사람이 세 명밖에 없어 한산하고 좋네, 라고 했다. 무슨 소리, 일당백이여! 라고 말해주었다.

사실 그날 아침에 내 왼쪽의 할아버지는 소변줄 빼고 일반 병실로 올라가겠다며 답답해 미치겠다고 난리를 치는 걸 간호사들이 간신히 달래놓은 뒤였고, 오른쪽 할머니는 그 전날부터 약을 갈아서 달라느니 다시 알약으로 달라느니, 음식이 간이 안 맞느니 어쩌니 들들 볶던 참이라서 그런 말이 나온 거였다.

그러다 밤이 되자 이 할머니가 혼자서 허공에 대고 자기의 삶을 하소연하기 시작했다. 내용은 대충 딸하고의 갈등 같은데, 내가 나이가 지금 아흔둘인데 이 나이에 요양 병원에 가지도 못하고 다시 딸이 있는 집에 돌아갈 수도 없는데 어쩌고 하면서 장광설이 한 시간 넘게 계속되었다.

그런데 말하는 중에 다른 집은 딸들이 면회도 오는데, 라는 말이 들렸다. 아, 우리 딸이 아까 면회 온 걸 보고 마음에 더 상처를 받았구나, 하는 생각이 들었다.

나이가 든다는 것은 연민이 늘어나는 것 아닐까. 아흔이 넘은 저 할머니가 살아온 삶이 누구의 잘잘못을 떠나서 너무 불쌍했다. 늙어서 아픈 몸에다 자신의 삶이 한스러울 때 얼마나 쓸쓸하고 절망적일까. 내가 한번 말을 섞어서 저 할머니 속 얘기라도 실컷 하게 해 드릴까 하는 생각을 순간 했지만, 왠지 그랬다가는 얘기 듣느라 날밤 새울 것 같아서 참았다.

잠시 후에 간호사들이 가서, 아이고 할머니 그렇게 힘드셨구나, 그런데 안 좋은 일 자꾸 떠올리시면 더 안 좋아요, 살려고 병원 왔는데 왜 죽고 싶다 그러세요, 하며 달랬다.

할머니는 좀 조용해지셨는데 잠시 후 남자분 목소리가 들렸다. 이 할머니는 여전히 나는 너무 아파요, 아파서 집에도 못 가요, 하는데, 아유 할머니 왜 그런 생각을 하세요, 우리가 잘 고쳐 드릴게요, 몸이 아주 편안해져서 집에 돌아가게 해 드릴게요, 걱정 마시고 푹 주무세요, 하면서 이 할머니를 달래는 따뜻한 음성이 이어졌다. 누구냐고 물어보니 마침 들리셨던 할머니의 주치의 선생님이란다.

할머니는 아주 얌전해지셨다. 어떤 약보다도 할머니의 마음을 잘 치료할 수 있는 것은 의사 선생님의 그 따뜻한 말들이었을 게다. 부드러운 감동이 밀려들었다. 나 역시 이렇게 따뜻한 간호사들과 의사 선생님들이 있는 병원이 가까운 곳에 있다는 생각에 마음이 든든하고 위안이 되었다.

서서히 상태가 호전된 나는 일주일 만에 일반 병실로 옮겨 갔다. 창문도 없이 밀폐된 중환자실에서 나와 바깥 풍경을 보니 모든 게 새로웠다.

이게 내가 두고 갔을지도 모르는 세상이었구나, 나는 무엇을 하려고 이곳에 더 머무르는 것일까, 하는 상념들이 스쳐 지나갔다. 그러다 서서히 내가 이 세상에 남아 있어서 좋을 사람들이 하나둘 생각나기 시작했다.

일단 나 때문에 잠 못 이루었던 가족들, 친구들, 그리고 내가 후원

하는 대안학교도 서서히 떠올랐다. 마지막으로 내가 밥을 주던 개천 길의 길고양이가 생각났다. 이들이 다 나를 필요로 하겠지, 싶었다.

중환자실은 내게 의외의 경험을 선사했다. 몸이 아프니까 생존의 문제 외에는 모든 것이 멀리 있었다. 숨만 차지 않았으면, 산소호흡기만 뗄 수 있었으면, 몸을 옆으로 뉘어서 잘 수만 있다면, 머리를 좀 감을 수 있다면, 이런 작은 소원들로 머리가 가득 차 있어 다른 고차원적 사고를 별로 안 한 것 같다. 가끔씩 내 인생의 몇몇 사건들이 휙휙 머릿속을 스치고 지나가기도 했지만 그뿐이었다. 예전 일들에 대해 반추할 에너지가 없었던 것 같다.

중환자실에서는 시간도 휙휙 지나는 것 같았다. 그다지 지루하지도 않았고 하루가 쉽게 지나갔다. 삶이란 참 단순한 것이었다. 불교에서 말하는 알음 앓이를 하지 말라는 말이 저절로 실천된 듯하다.

앞으로 살아갈 날들에서도 삶을 이렇게 단순화시키는 노력이 필요할 것 같다. 그러면 욕심 없이 물 흐르듯 자연스럽게 살아갈 수 있지 않을까. 그러다 보면 내가 이 세상을 진짜로 떠나갈 때 나는 마지막으로 어떤 일들을 떠올릴까, 궁금하기도 하다.

5 내 인생의 축복들

나는 중학교 입학시험을 마지막으로 본 세대이다. 내 짝이랑 같이 경기여중 시험을 보았는데 친구는 붙고 나는 떨어져서 이차로 정신여중에 입학했다. 그 친구 엄마가, 아유 아쉬워서 어떡하니, 그래도 이담에 대학에서 만나면 되지, 라고 말씀하셨는데 그때 나는 이렇게 대답했다.

저는 돈이 없어서 대학 못 가요. 우리 아버지가 고등학교 졸업하고 은행에 취직하래요. 그런데 공부를 잘하면 교대는 갈 수 있대요. 교대는 돈이 안 든대요.

열세 살의 어린 나는 대학을 못 간다는 아쉬움이 하나도 없이 그렇게 말했다. 그랬던 내가 중학교에 가더니 공부를 점점 더 잘하기 시작했다. 중학교 졸업 때 담임선생님이 아버지에게 말씀하셨다. "얘는 이대로만 하면 서울대학에 갈 수 있어요. 그러면 일주일에 중고생 과외 두 번만 해도 학비랑 용돈을 충분히 벌 수 있어요." 아버지의 목표가 상향되었고 나는 그걸 실현시켜 드렸다.

나는 운이 좋은 아이였다. 중학교 2학년 때 전직 교장 선생님이 주는 장학금을 이년 간 받게 되었는데, 일학년 때 담임선생님이 나를 예쁘게 보셔서 엄청나게 고집을 부려 장학금을 내게로 끌어오셨다고 한다.

그리고 얼마 후 엄마가 점을 보러 갔다. 점쟁이가 한 첫마디가 "얘는 자기 돈으로 공부 안 하지요?"였단다. 그리고 이어서 말하더란다. "앞으로도 얘는 자기 돈으로 공부 안 할 거예요."

그때 나는 그 말을 마치 내 인생에 대한 예언처럼 받아들였던 것 같다. 신기하기도 하고 왠지 정말 나는 그렇게 될 것 같은 기분이었다. 그런데 점쟁이가 용해서였는지 아니면 내가 그것을 자기실현 예언으로 받아들여서인지는 모르겠지만, 나는 생계책임자임에도 월급까지 받아 가며 장학금으로 뉴질랜드에서 1년간 교사 연수를 했고 뒤이어 영국에서 석사학위를 마쳤다.

내가 원하면 세상이 다 내 공부를 시켜줄 것 같은 그러한 마음으로 의기양양해 있을 때 남편이 내게 말했다. "그동안은 돈이 없어서 남의 나랏돈으로 공부했지만, 앞으로는 당신이 벌어서 공부해. 열심히 벌어서 자기 발전을 위해 쓰는 건 장학금 타는 거 못지않게 멋있는 일이야."

그리고 수십 년의 세월이 흐르고 나서 '열심히 일한 당신, 떠나라'라는 말처럼 나는 내 돈을 들고 미국으로 떠났다. 사실 연금으로는 생활비와 월세를 내기에도 부족했다. 진짜 겁 없이 돈 쓰고 다녔네, 라는 생각이 들기도 하지만, 무엇과도 바꿀 수 없는, 돈으로 환산할 수 없는 그런 경험과 추억과 자부심을 나는 그 시간에서 얻었다.

내 인생에는 최고의 찬사가 세 가지 있다. 첫 번째는 우리 딸이 일곱 살 때 내게 했던 말, "엄마가 웃으면 코스모스가 확 피어나는 것 같아." 두 번째는 고1 때 내가 담임했던 성수의 말. 성수는 초등학교 때 해외 주재원인 부모님을 따라가서 아메리칸 스쿨에 몇 년 다닌 적이 있는데 자기 엄마한테 이러더란다. "우리 담임선생님은 내가 아메리칸 스쿨에서 만난 선생님들 같아요. 생각이 활짝 열려 있어요." 그리고 마지막 찬사는 내가 50대쯤에 30대 어떤 남자 선생님이 내게 한 말이다. "저의 와이프도 교사인데요, 저는 이 사람이 선생님처럼 나이 들어갔으면 좋겠어요."

당차게 살다가도 나 역시 간혹 인생에 아무것도 해놓은 게 없다든가, 허무한 마음이 들 때가 있는데, 이때 이 말들을 떠올리면 가슴이 따뜻해진다. 이 찬사가 계속 나를 설레게 하려면 나는 앞으로도 더 많이 웃고, 젊은이들과 더 많이 소통하며 육체적으로나 정신적으로나 아주 천천히 나이 들어가야 할 것 같다.

60대 청춘의 미국 유학기

초판 발행 • 2025년 12월 1일

저　　자 • 한경신

발행인 • 한은희
편　집 • 조혜련

펴낸곳 • 책봄출판사
주　　소 • 경기도 고양시 덕양구 통일로 1276-8 (킹스빌타운 208동 301호)
　　　　　서울 중구 새문안로 32 동양빌딩 5층 (디자인 사무실)
전　　화 • (010) 6353-0224
블로그 • https://blog.naver.com/anjh1123
이메일 • anjh1123@nate.com
등　　록 • 2019년 10월 7일 제2019-0000156호

• 책값은 뒤표지에 있습니다.

ISBN • 979-11-992516-4-9 (03810)